LÉON BOURGEOIS

L'ÉDUCATION

DE LA

DÉMOCRATIE

FRANÇAISE

DISCOURS PRONONCÉS DE 1890 A 1896

DEUXIÈME ÉDITION

PARIS

ÉDOUARD CORNÉLY ET Cⁱᵉ, ÉDITEURS

101, RUE DE VAUGIRARD, 101

L'ÉDUCATION

DE LA

DÉMOCRATIE

FRANÇAISE

LÉON BOURGEOIS

L'ÉDUCATION

DE LA

DÉMOCRATIE

FRANÇAISE

DISCOURS PRONONCÉS DE 1890 A 1896

DEUXIÈME ÉDITION

PARIS

ÉDOUARD CORNÉLY et Cⁱᵉ, ÉDITEURS

101, RUE DE VAUGIRARD, 101

N. B. — Nous rappelons que, sous ce titre : l'**Éducation de la Démocratie**, M. J. Payot a publié un intéressant petit volume chez MM. A. Colin et Cⁱᵉ, dans la collection : QUESTIONS DU TEMPS PRÉSENT.

PRÉFACE

Ces quelques discours ont été prononcés dans des circonstances et dans des temps très divers. Mais il y a entre eux un lien. Ils sont inspirés par une même pensée, qui pourra justifier leur réunion.

Une société ne saurait vivre dans la sécurité et dans la paix, si les hommes qui la composent ne sont pas unis et comme volontairement disciplinés par une même conception de la vie, de son but et de ses devoirs.

L'éducation nationale a pour fin dernière de créer cette unité des esprits et des consciences.

Comment dans notre démocratie peut se

former cette doctrine commune, doctrine à la fois intellectuelle, morale et sociale? Sur quels points fondamentaux peut-elle s'établir, dans quelles conditions et dans quelles limites, par quelles voies et par quelles méthodes? Quel est, dans la tâche proposée, le rôle de la puissance publique et quelle part doit être réservée à l'initiative des citoyens?

La liberté, civile, politique et religieuse, est la loi nécessaire de l'État républicain; et l'ordre, le véritable ordre moral et social, y doit être assuré, non par la force d'un seul ou de plusieurs, mais par la libre adhésion de la raison, de la conscience et de la volonté de tous.

Comment de la liberté définitive, l'éducation de la jeunesse peut-elle faire naître l'ordre définitif?

Ces questions pressent notre temps et nul ne peut s'en désintéresser.

Elles ont été présentes à notre esprit

toutes les fois que nous avons eu à parler de l'éducation publique : c'est ce qui, peut-être, donne quelque unité aux pages qui suivent.

L. B.

L'ÉDUCATION

DE LA

DÉMOCRATIE FRANÇAISE

L'ÉDUCATION SUPÉRIEURE

L'UNITÉ NÉCESSAIRE

DE

L'ENSEIGNEMENT SUPÉRIEUR[1]

Messieurs,

Montpellier reçoit aujourd'hui dans ses murs, avec les représentants de la science française, les représentants de la science universelle, et ceux-ci sont venus de tant de points divers qu'il faudrait, pour remplir complètement envers eux le devoir de l'hospitalité, que les docteurs de Montpellier eussent comme Rabelais, leur ancêtre, ce don miraculeux des langues qui lui fit, dit-on, gagner devant le chancelier de France la coupe de l'Université.

Après les maîtres, je salue aussi les étudiants. C'est avec joie, messieurs les étudiants de Montpellier, que vous avez vu répondre à votre

[1]. Discours prononcé à la cérémonie du centenaire de l'université de Montpellier (23 mai 1890).

1

appel cette affluence d'amis nouveaux attirés à la fois par la vieille gloire de votre maison d'études et par le bon renom de la politesse française. Cette joie, nous la partageons avec vous, et avec nous la partagent, en France et hors de France, tous ceux qui ont au cœur le souci et l'espoir d'une humanité meilleure et plus heureuse. Car de cette camaraderie nouvelle entre jeunes gens de patries différentes peut sortir, comme un fruit naturel, l'apaisement des colères et des haines, le regret des luttes de la force, le respect croissant du droit des individus et des nations et le sentiment qu'au-dessus des querelles s'ouvre, pour toutes les bonnes volontés, un domaine de paix, de conciliation et de rapprochement où la diversité des langues n'empêche pas la communauté des pensées, et où les esprits soumis à la vérité s'apaisent dans la contemplation des lois éternelles.

Messieurs, s'il me fallait donner leur vrai nom à des fêtes comme celles-ci, je les appellerais simplement les fêtes de la vérité. Il n'est pas de fête humaine qui ait de signification plus élevée, et c'est pour notre chère patrie une belle et consolante chose que d'en pouvoir offrir de pareilles, grâce au renom de gloire qu'ont su conserver nos plus vieilles écoles. La science universelle vient ici saluer un de ses berceaux. Ces six siècles d'activité toujours jeune et parfois

rayonnante, que M. le recteur rappelait éloquemment tout à l'heure, ont laissé dans l'esprit des hommes d'études des souvenirs profonds, et c'est vraiment justice qu'on soit venu
de toutes parts rendre hommage aux grandes
mémoires de l'Université de Montpellier. J'ai
dit, Messieurs, l'Université de Montpellier. Je
n'ignore pas que ce mot n'a aujourd'hui qu'une
valeur historique et que, légalement, ce que
nous avons devant nous, c'est seulement un
groupe de Facultés. Mais ce grand nom d'université est ici sur toutes les lèvres, comme il
était l'an dernier à la Sorbonne sur celles de
l'éminent recteur de Paris, comme hier il était
à Lyon sur celles d'un de mes plus illustres
prédécesseurs. L'idée qu'il exprime est, depuis
1871, dans l'esprit de tous ceux qui ont travaillé au merveilleux essor de notre enseignement supérieur, groupé nos Facultés, refait leurs
bâtiments et leur outillage, agrandi leurs cadres,
rétabli leur personnalité civile et créé leurs
conseils généraux auxquels il ne manque, en
vérité, que peu de chose pour être des conseils
d'université ! Aussi, Messieurs, le ministre
de l'Instruction publique n'hésite-t-il pas à prononcer ce nom, moins encore comme un hommage au passé que comme une promesse pour
un très prochain avenir. Et il n'a pas cru qu'il
pût rencontrer meilleure occasion que celle-ci

pour annoncer sa résolution de soumettre aux Chambres un projet de loi sur les universités.

On a exprimé certaines craintes au sujet des universités : on a dit que dans le passé elles avaient, par leurs privilèges, créé des difficultés à l'État, et que ces difficultés pourraient renaître. Messieurs, la République ne les redoute pas. Dans notre société démocratique il ne peut plus s'agir de privilèges et nul ne songe à rétablir ces corps fermés à juridiction particulière, enclos dans leurs murailles et formant des villes dans les villes et des États dans l'État. L'indépendance qu'il s'agit de donner, c'est simplement l'indépendance scientifique. L'enseignement public à tous les degrés doit rester un enseignement national. Et, suivant la forte parole du parlement de Grenoble, les enfants élevés par vous naissent citoyens. Leurs maîtres doivent être des citoyens et ne dépendre que de l'État. Il faut que dans les universités de demain comme dans les facultés d'aujourd'hui l'État continue à nommer les maîtres, à approuver les dépenses et à garder sur les études cette haute direction qui est un de ses devoirs. Nous voulons que dans cet enseignement supérieur, qui est et qui doit rester comme le cerveau de la patrie, le sang coule plus rapide et plus généreux ; mais il faut que ce sang soit bien celui de la France même. Il faut qu'il continue à affluer de tous les points de l'organisme, apportant et remportant sans cesse le trésor des sentiments, des idées et des volontés de la nation souveraine.

Messieurs, une autre condition s'impose à nous : l'organisation des universités nouvelles ne doit pas être une œuvre de symétrie artificielle. Il ne s'agit pas de faire rentrer dans un cadre administratif préparé à l'avance toutes les facultés, tous les établissements d'enseignement supérieur de notre pays; nous ne désirons pas inscrire un mot au fronton de nos édifices, ajouter une ligne inutile à la nomenclature de nos circonscriptions administratives : nous voulons une réalité vivante et féconde. Pour qu'une université soit constituée, il sera nécessaire que certaines conditions se rencontrent, que plusieurs facultés existent côte à côte, non seulement prospères, mais en plein essor et prêtes à trouver dans leur association un développement nouveau. Comme, à la majorité d'un homme, la loi lui reconnaît les droits du citoyen, de même, lorsque le titre d'université sera conféré à un groupe d'établissements, l'État ne créera pas cette université, il en reconnaîtra l'existence. Nous ne pensons pas, Messieurs, qu'une œuvre aussi prudemment entreprise, conduite selon les données de l'expérience, offre pour l'État aucun danger.

En revanche, quels merveilleux avantages n'avons-nous pas le droit d'en attendre pour la puissance scientifique de notre pays? Messieurs, la science est une. Il faut que la jeunesse de nos écoles en ait conscience. Le but de l'Enseignement supérieur ne doit pas être seulement la préparation à une carrière, quelque élevée qu'elle puisse être. Ce rôle est nécessaire, il faut qu'il soit consciencieusement rempli; mais il n'est que la moindre partie de la tâche. La culture générale de l'esprit, que l'étudiant a commencé à recevoir sur les bancs du lycée, ne peut cesser brusquement au moment même où son esprit est mûr pour les idées générales; où la vie va poser pour lui tous ses problèmes, mettre à l'épreuve toutes les forces de son esprit et de sa volonté. Il faut qu'à côté, au-dessus des connaissances spéciales qui vont faire l'objet de son étude, il sente toujours présentes les vérités plus générales dont celles-là ne sont que des applications particulières et comme subordonnées. Il ne faut pas qu'il oublie que la méthode de recherche ou de démonstration qui est propre à la science limitée qu'il approfondit, n'est pas la seule; que d'autres méthodes existent, d'autres modes de preuve. Il acquerra ainsi une vue plus exacte des choses, il aura l'esprit mieux fait et plus justement équilibré, il ne versera pas dans cette suffisance particulière qu'on appelle l'esprit de spécialité et qui m'a toujours paru être une des formes les plus dangereuses de l'ignorance.

Il y a plus, Messieurs, vous me permettrez de le dire, ce qui sera profit pour les étudiants le sera pour les maîtres eux-mêmes et par là pour l'enseignement public tout entier.

C'est un philosophe français qui a, le premier montré la loi historique du développement des sciences et comment les progrès de chacune d'entre elles avaient été et devaient être toujours nécessairement liés à certaines découvertes des autres. Quelles réactions incessantes et chaque jour plus évidentes entre les mathématiques et les sciences physiques, entre celles-ci et les sciences de la vie, entre ces dernières et les diverses sciences de l'homme, qu'il s'agisse de l'analyse de ses facultés pensantes, de l'évolution de son langage ou du développement de sa vie sociale? Combien les anciennes limites, qui semblaient infranchissables, entre les divers ordres de connaissances, sont devenues aujourd'hui mobiles et fuyantes! Comment classer la science géographique depuis qu'un Élisée Reclus en a fait l'encyclopédie de la terre et de l'homme? Rattacherez-vous la cité antique de Fustel de Coulanges à la science du droit ou à celle de l'histoire? L'homme de génie qui a préservé l'humanité du fléau de la rage a-t-il fait œuvre de chimiste, de physiologiste ou de médecin?

Plus la grande œuvre d'interprétation scientifique du monde s'avance, plus l'unité des lois naturelles se révèle à nos esprits, et plus s'imposent à ceux qui cherchent — et la recherche des vérités nouvelles est la fin dernière de l'enseignement de nos hautes écoles — cette nécessité des vues d'ensemble, cette faculté de se porter librement vers tous les objets de la connaissance à laquelle certainement pensait votre grand Rabelais — on y revient toujours — lorsqu'il définissait, dans un langage magnifique, que Pascal lui-même n'a pu que reprendre, cette sphère intellectuelle « de laquelle en tous lieux c'est le centre et n'est en lieu aucun circonférence ».

Messieurs, donnons à la recherche scientifique dans notre pays son unité, donnons-lui sans crainte et sans défiance sa légitime indépendance. Laissons se développer dans la liberté les jeunes universités de la République et ayons foi dans leur avenir.

LES UNIVERSITÉS

LA SCIENCE ET LA DÉMOCRATIE[1]

Messieurs,

L'honorable M. Challemel-Lacour, en discutant hier une opinion de Victor Cousin, parlait de cette verve impérieuse et de cette assurance dans l'affirmation qui rendaient ses arguments d'abord irrésistibles.

Il me semblait, en l'entendant parler ainsi de Victor Cousin, qu'il donnait au Sénat l'occasion de l'applaudir lui-même et je ne m'étonne pas que son merveilleux discours ait produit sur votre esprit une forte impression.

J'ai admiré avec le Sénat tout entier l'abondance des épigrammes dont il a criblé le ministre qui a l'honneur de défendre devant vous le projet de loi ; il en a accablé non seulement le ministre présent, mais ses prédécesseurs qui ont préparé et rendu possible la dis-

---

1. Discours prononcé au Sénat, le 11 mars 1892, en réponse à M. Challemel-Lacour (discussion du projet de loi sur les universités).

cussion actuelle, les collaborateurs éminents qui, depuis plusieurs années, ont rassemblé les matériaux dont est sorti le projet de loi ; tous ceux, en un mot, qui, de près ou de loin, peuvent en être considérés comme des coopérateurs, je répondrai presque au sentiment de M. Challemel-Lacour en disant même : des complices.

Il n'y a pas jusqu'à cette pauvre école de Montpellier qui n'ait été mise en jeu et dont le portrait satirique a dû réjouir vivement sa jeune rivale de Marseille... mais je vous demanderai la permission de ne pas suivre M. Challemel-Lacour sur ce terrain de l'ironie où il est un maître ; je n'aurais pas, je l'avoue, le talent nécessaire pour y lutter à armes égales avec lui, et je ne me sens pas la force d'aiguiser des traits d'une main aussi sûre et aussi patiente.

J'arrive, si vous le permettez, aux faits, aux arguments, à ce qui constitue le fond du discours que vous avez applaudi et que j'avais pour ma part — au point de vue littéraire tout au moins — grande envie d'applaudir également. Je résume donc — car elle peut se résumer en quelques lignes — toute cette argumentation. Elle tient dans deux propositions : les universités que vous voulez créer sont des ombres, et ces ombres sont des ombres malfaisantes.

Je ne rechercherai pas s'il n'y a point, d'abord, quelque contradiction entre ces deux termes ;

après avoir démontré avec tant de vigueur que les universités n'existeraient pas, y aurait-il vraiment lieu de s'inquiéter si fort du mal que pourrait faire leur existence?

J'aime mieux rechercher quels sont les motifs que M. Challemel-Lacour a donnés pour établir devant le Sénat ces deux propositions.

Ces motifs peuvent également se réduire à un très petit nombre d'arguments que voici : les universités sont des ombres, car elles sont simplement ou une maladroite restauration du moyen âge ou — je cite les paroles mêmes de M. Challemel-Lacour — une gauche parodie de l'étranger. Il n'y a pas en elles une idée intérieure, organique qui puisse leur donner la vie ; et cependant, si elles pouvaient vivre, elles seraient malfaisantes, car elles détruiraient autour d'elles les facultés non transformées en universités ; elles désorganiseraient l'enseignement supérieur lui-même en lui faisant perdre quelque chose de sa destination nécessaire, qui est la préparation professionnelle. Enfin, et ceci est plus grave, elles iraient jusqu'à détruire l'œuvre de la Révolution française en portant atteinte à l'unité politique et morale de notre pays.

Je crois n'avoir rien affaibli des arguments de mon éminent contradicteur. Je vais les reprendre les uns après les autres, et, comme je le disais hier soir au Sénat, je serai obligé de lui demander une longue attention, car le champ à parcourir est considérable.

Il semble que nous voulions créer de toutes pièces et, pour ainsi dire, sur les nuées, je ne sais quel édifice imaginaire ; il semble que ces universités, si critiquées avant qu'elles ne soient venues au monde, n'ont jusqu'à présent existé que dans les rêves de notre esprit, et c'est pourquoi l'on a pu dire qu'elles seraient une ombre.

Messieurs, j'aurais désiré qu'au début de cette discussion, avant l'attaque qui a été dirigée contre les principes et contre les idées maîtresse du projet que nous discutons, le Sénat eût pu entendre, de la bouche de l'éminent rapporteur de la commission, par exemple, une sorte d'exposé méthodique de ce même projet, une définition des universités dont il s'agit.

On les a combattues sans les définir, on les a condamnées sans avoir montré ce qu'elles étaient ou ce qu'elles seraient ; je vous demande la permission de vous dire très brièvement de quel état de fait déjà existant elles naissent pour ainsi dire d'elles-mêmes : si bien que, pour quelques-uns de nos adversaires, nous nous bornerions à donner simplement un nom nouveau à une chose qui est, qui vit et qui prospère.

Ces universités qu'il s'agit de créer, elles sont déjà en puissance dans ces groupes de facultés auquel le décret de 1885, dont je reporte l'honneur à mon éminent prédécesseur M. Goblet, avait assuré l'existence et les conditions de fonctionnement.

Ce décret de 1885 a cherché à établir déjà, entre les facultés de nos différentes villes, des liens et une vie commune. Il a créé un conseil général des facultés et il a donné des attributions à ce conseil, lui permettant de délibérer sur les intérêts communs. L'idée mère du projet, cette idée qui consiste — et je reviendrai tout à l'heure sur ce point — à réunir en un faisceau les enseignements jusqu'alors séparés, se trouve déjà réalisée dans ce décret de 1885.

Est-ce à dire que nous n'ajouterons rien à ce décret? est-ce à dire — et ce serait, je le reconnais, un reproche justifié — que nous nous bornons à appliquer, avec ce nom d'universités, une étiquette nouvelle, sur les groupes de facultés qui ont trouvé la vie commune dans ce décret de 1885?

Non, Messieurs, et voici ce que nous ajoutons à ce qui a été fait en 1885: voici comment et par où le projet de loi nouveau constitue un progrès sur l'œuvre de 1885, et comment on a pu dire qu'il en était le couronnement.

C'est un simple décret qui a organisé alors les conseils généraux des facultés. Or, la loi seule peut donner la personnalité civile à un corps nouveau.

Le décret de 1885 ne pouvait donc pas donner la personnalité civile à l'ensemble de toutes les facultés ; il n'a fait que ce que peut faire le pouvoir exécutif.

Voici ce que le projet nouveau tend à réaliser. Au caractère provisoire, préparatoire du décret de 1885, il ajoute la consécration de la loi.

Ce qui était — l'exposé des motifs de 1885 le constate — une mesure d'expérience, une tentative faite par le pouvoir exécutif et qui ne devait se transformer en état de choses définitif que si l'expérience aboutissait, le projet de loi qui vous est soumis vous propose de le consacrer, parce que l'essai a réussi. Consacrez-le, vous dit-il, et donnez à ces groupements la certitude du lendemain ; assurez-les contre des retours de l'avenir en les plaçant sous la sauvegarde et la garantie de la volonté nationale.

Le projet de loi donne la personnalité civile aux groupes ainsi constitués.

L'importance de cette disposition, vous ne l'ignorez pas, Messieurs ; là où il n'y a pas personnalité civile il n'y a pas budget, et là où il n'y a pas budget, on peut dire qu'il n'y a pas existence véritable.

Les services communs — et j'aborderai tout à l'heure l'examen de cette question, car elle est fondamentale, elle est la raison d'être, pour ainsi dire, de l'ensemble des dispositions que j'ai l'honneur de défendre devant vous — les services communs, qui ne pouvaient pas, d'après les décrets, être organisés par ces groupes sans existence effective, nous autorisons l'université à les assurer, en même temps que nous lui donnons les moyens de posséder les ressources nécessaires.

Enfin, nous autorisons l'université à donner des titres et des diplômes scientifiques, droit que le décret de 1885 ne pouvait pas conférer aux groupes des facultés.

Voilà l'ensemble des dispositions par lesquelles le projet de loi qui vous est soumis confirme, consacre la série des décisions déjà prises en 1885 ; voilà comment il les complète avec le caractère de perpétuité qui n'appartient qu'à la loi.

Vous voyez déjà, Messieurs, que nous ne sommes plus en présence d'une ombre, mais d'une chose qui est, qui existe, qui a rendu des services, qui a fait du bien, qui en fait toujours et à laquelle nous vous demandons d'accorder l'existence définitive afin que ce bien, déjà produit, s'accroisse encore.

Mais pénétrons plus profondément dans l'œuvre de 1885, dans l'idée et dans l'intention de ses auteurs — je parle toujours au pluriel des auteurs du projet de loi, car je ne saurais trop le répéter, je ne fais ici qu'accomplir ou que tenter d'accomplir une œuvre entreprise par mes prédécesseurs et, je puis le dire, par presque tous les ministres de l'Instruction publique depuis 1870 jusqu'à cette heure. — Si, dis-je, nous nous pénétrons de cette idée mère, de cette idée profonde qui a été l'idée directrice de toutes les tentatives de réorganisation, ou d'organisation plus complète de notre enseignement supérieur depuis 1870, que voyons-nous?

Y voyons-nous l'une des deux choses qu'on nous reprochait hier? Une restauration des institutions du moyen âge ou une imitation servile, un plagiat de l'étranger?

Non, non, c'est bien une œuvre française et c'est bien une œuvre moderne qui ne pouvait pas naître dans les esprits antérieurement à l'état contemporain. C'est, encore une fois, une œuvre bien française qui n'emprunte rien au dehors; elle ne cherche en aucune façon à imiter ce qui se fait à l'étranger : elle reconnaît simplement, parce qu'on doit le reconnaître partout, même au delà de la frontière, le bien accompli : mais elle ne cherche pas le moins du monde à imiter ni dans leur organisation intérieure, ni dans leur action extérieure, les universités du dehors, les universités allemandes, par exemple, dont on parlait hier.

D'abord, y a-t-il quelque similitude ou même quelque analogie entre les universités françaises du moyen âge et les universités que nous vous demandons de créer ?

Peut-être y a-t-il un point commun, c'est l'idée de l'unité nécessaire des différents enseignements. Certes, cette idée n'est pas nouvelle ; ce n'est pas seulement à la France ou à l'Europe du moyen âge qu'elle remonte, c'est à toutes les époques où s'est établi un état de culture générale, une vue supérieure des choses, où l'existence n'était pas seulement la vie matérielle, pratique, asservie à la profession. A toutes les époques, cette idée d'un rapprochement nécessaire, d'une communauté des diverses connaissances a été une idée fondamentale dans tous les esprits libres et élevés.

Elle existait au moyen âge, et c'est ce qui explique qu'on la trouve au cœur des universités de cette époque.

Mais dans ces temps-là cette idée, qui est juste, qui est humaine, qui est éternelle, se trouvait liée à des conditions particulières de réalisation. C'est l'époque — et l'honorable M. Challemel-Lacour le rappelait hier — où l'on considérait les sciences comme des servantes de la théologie, et où, par conséquent, cette cohésion, cette unité nécessaire étaient uniquement considérées comme des moyens d'expression de la vérité religieuse absolue, unique, fondamentale.

A côté de cette condition, pour ainsi dire philosophique, se plaçait une condition politique qui empêchait ces universités, non pas de produire de grandes choses — elles en ont produit d'admirables — mais de produire les résultats que nous espérons des universités modernes : elles étaient liées, en effet, à cette autre condition particulière qu'on appelle l'état de corporation ; elles étaient des corps fermés ; dans l'État elles formaient des États ; elles avaient des privilèges, une juridiction propre ; ceux qui en faisaient partie n'étaient pas pour ainsi dire des citoyens de droit commun : par conséquent, elles échappaient non seulement au grand mouvement de l'opinion publique, mais même aux conditions de subordination des citoyens à l'État.

Eh bien, est-ce qu'il y a quelque chose d'analogue dans le projet actuel ? Nous sommes dans un État laïque. Personne, même de ce côté du Sénat (*la droite*), ne viendrait demander que la théologie prît aujourd'hui le gouvernail des sciences. Quant à l'idée de corporation, non seulement il ne vient pas à notre esprit de l'introduire dans le projet de loi, mais nous la repousserions de la façon la plus formelle. Personne n'imagine que dans notre État démocratique, dans notre société contemporaine, toute d'égalité et de liberté, une corporation puisse exister, qu'un groupe de citoyens puisse être, à un moment quelconque, en dehors des conditions générales du droit commun et de la subordination à la volonté nationale et à ses lois.

Il m'a suffi d'analyser très simplement devant vous en quelques mots les conditions de fonctionnement de ces universités nouvelles pour vous montrer que si elles se rattachent en quelque chose à ce moyen âge dont on parlait hier, ce n'est que par des idées générales, communes à tous les temps; quant à cette redoutable résurrection du moyen âge dont on apportait l'image devant vous, il n'en reste rien, rien, rien.

Mais l'étranger? Messieurs, il est toujours délicat, presque dangereux de traiter à la tribune cette question de la comparaison d'une institution française et d'une institution étrangère. Si l'on verse dans l'éloge, on court le risque d'alarmer certain patriotisme susceptible; si, au contraire, on paraît contester le bien qui s'est produit au dehors, on semble alors ignorer ce qui se passe au delà des frontières ou se conduire contrairement à ces règles de modestie dont parlait hier l'honorable M. Challemel-Lacour.

La vérité, c'est que les universités étrangères ont produit de grands, de puissants, de féconds résultats.

Il est indiscutable qu'en Angleterre, en Allemagne, en Amérique, dans beaucoup d'autres pays encore, les universités exercent, non pas seulement dans le domaine scientifique, mais dans tous les domaines de l'activité sociale, une influence considérable.

Les conditions dans lesquelles les universités étrangères ont été constituées et fonctionnent sont les plus diverses du monde. Il n'y a rien de commun entre les universités aristocratiques de l'Angleterre — l'honorable M. Challemel-Lacour avait parfaitement raison de les qualifier ainsi hier; je parle tout au moins des deux plus anciennes, des universités d'Oxford et de Cambridge, car celle de Londres n'a pas ce caractère — il n'y a rien de commun, dis-je, entre le caractère aristocratique de ces universités tout à fait fermées et le caractère, qui n'a rien d'aristocratique, des universités américaines de notre temps ou des universités allemandes.

Celles-ci répondaient à leur origine — M. Challemel-Lacour l'a très bien indiqué — à des idées de particularisme; elles sont nées du morcellement même de l'Allemagne. Mais est-ce à dire que, nées de ce morcellement même de l'Allemagne, elles n'aient pas contribué à son unité?

Vous me permettrez de ne pas insister sur ce point. Mais il n'est personne ici qui ne sache quelle action a été exercée sur l'Allemagne tout entière par l'enseignement par la doctrine de ces universités autrefois particulières, mais qui se sont réunies dans un sentiment supérieur aux conditions spéciales de leur origine ; il n'est personne qui ne sache combien l'influence politique de ces grands corps universitaires a été puissante, profonde sur le développement historique de l'Allemagne pendant ce siècle.

Il y a un mot qui a été cité dans un article auquel M. Challemel-Lacour faisait allusion hier, un mot de Luther, bien significatif et qu'il ne faut pas oublier : « Je ne sais, disait-il, rien de plus pontifical, de plus impérial que la création d'une université. »

Vous entendez bien ce qu'il voulait dire, et les faits ont encore une fois donné raison au grand réformateur.

Au commencement de ce siècle, à un moment où il semblait qu'il n'allait plus rien subsister de la puissance militaire du nord de l'Allemagne, le premier acte du gouvernement qui voulait réserver à cette puissance un lendemain, a été précisément la constitution d'une université : l'université de Berlin. On a hier rappelé la date. Permettez-moi de lire les mots par lesquels un philosophe de cette époque célébrait cette création sur le point de s'accomplir et en prophétisait l'avenir :

« Quand sera fondée cette organisation scienlitique, elle n'aura point d'égale ; grâce à sa force intérieure, elle exercera son empire bien au delà des limites de la monarchie prussienne. Berlin deviendra le centre de l'activité intellectuelle de l'Allemagne septentrionale et protestante, et un terrain solide sera préparé pour l'accomplissement de la mission qui est assignée à l'État prussien. »

Messieurs, je n'insiste pas ; j'ai voulu seulement, dans cette partie de mes observations, établir ceci : qu'elles répondissent à une idée particulière ou à une autre, qu'elles fussent dans un pays l'expression d'un état social particulier, comme en Angleterre, ou dans un autre pays l'expression d'un besoin national, comme en Allemagne, partout les universités ont été non pas des ombres, mais des réalités agissantes et puissantes.

Nous ne les imitons pas, pas plus que nous n'imitons les universités du moyen âge ; nous ne cherchons pas en elles un modèle que nous voulions imposer à notre enseignement supérieur français.

Notre enseignement supérieur vit de son existence propre, il vit bien, et depuis vingt ans environ, il est devenu très puissant.

C'est sur les bases mêmes qu'il nous offre que nous fondons l'édifice des universités nouvelles.

Nous ne cherchons en aucune façon à introduire, dans l'enseignement supérieur français, ces classes supérieures de l'enseignement secondaire qui donnent en partie aux universités allemandes leur caractère propre.

Ce n'est que nos quatre facultés, nos quatre vieilles facultés, les facultés de Boileau que nous demandons purement et simplement à organiser en universités; c'est l'œuvre de l'enseignement français à laquelle nous cherchons à donner son couronnement.

Messieurs, je viens de dire que c'était un couronnement; je vais le démontrer en faisant un historique sommaire de cet enseignement.

Je le prends au moment de la Révolution française, et je le suis à grands pas jusqu'à l'heure où je vous parle. Deux tendances très nettes se sont partagé les esprits au sujet de l'organisation qu'il convenait de lui donner: la tendance au morcellement et la tendance à l'union. Hier, l'honorable M. Challemel-Lacour nous disait que la tendance — qui est la nôtre — vers l'union de tous les éléments de l'enseignement supérieur en un faisceau unique, n'était pas celle de la Révolution, ni celle des esprits libres, des esprits politiques qui ont constitué la France moderne, et que, par conséquent, il fallait s'en défier; que cette idée avait seulement était émise par des rêveurs, mais que tous les gens pratiques et les hommes d'action avaient été, au contraire, les partisans et les défenseurs de l'autre système.

Voyons, Messieurs, les faits. Il est certain que l'esprit le plus pratique, en même temps que le plus élevé, qui prenne la parole au commencement de la Révolution française, c'est Mirabeau. Lisez sa brochure qui porte le nom de « Lycées »; qu'y voyez-vous? Vous y voyez la thèse formelle de l'union nécessaire de tous les éléments des sciences. Son lycée national doit comprendre tout : lettres, sciences et arts; il ne comprend pas autrement l'enseignement d'un grand pays. Et la raison en est très simple. Quelles sont les idées que Mirabeau et ceux qui l'entourent, à la Constituante, apportent avec eux.

Mais ce sont celles de l'Encyclopédie, ce sont celles de la philosophie du xviiie siècle, ce sont celles de Voltaire, de Rousseau, de Diderot, de d'Alembert et de Condorcet; ce sont celles, par conséquent, sur lesquelles repose l'édifice politique de la Révolution française, ce sont celles qui vont proclamer précisément — car il faut parler de synthèse, bien qu'on sourie — la grande synthèse politique des Droits de l'homme; ce sont par conséquent celles de tous les représentants de l'esprit philosophique, de l'esprit encyclopédique dont on a souri hier et dont pour ma part je ne souris pas, car c'est sur l'*Encyclopédie* du xviii° siècle qu'a été fondée l'œuvre politique de la Révolution française.

Voilà le premier qui parle, et voilà comment il parle. Après lui, vient Talleyrand ; on a souri aussi de Talleyrand, mais je n'imaginais pas qu'il ne fût pas un homme pratique, je ne croyais pas que Talleyrand eût passé pendant sa vie pour un rêveur et qu'il eût laissé ce souvenir.

Après Talleyrand, rapporteur du comité de la Constituante, quel est le rapporteur du comité de la Législative? C'est Condorcet : et les lycées d'enseignement supérieur qu'il veut créer — le mot lycée est pris alors dans un sens tout à fait différent de celui qu'il a reçu plus tard, sous le Consulat, c'étaient les établissements d'enseignement supérieur auxquels on donnait ce nom — les lycées d'enseignement supérieur de Condorcet, que doivent-ils être? « Des établissements où toutes les sciences seront enseignées dans toutes leur étendue. »

Reniera-t-on Condorcet, et pensera-t-on, parce qu'il était un philosophe, qu'il fut lui aussi un rêveur? Et se refusera-t-on à voir dans son livre sur les *Progrès de l'esprit humain* un des Codes nécessaires de notre société moderne?

Voilà ceux qui ont défendu, sous la Révolution, l'unité de l'enseignement supérieur. Voilà ceux qui sont, à l'époque révolutionnaire, nos précurseurs.

A la Convention, Romme, Michel Le Pelletier, Robespierre lui-même — et je le cite parce qu'il ne sera pas accusé, celui-là, d'esprit de décentralisation, ni d'indifférence pour les droits de l'État — Robespierre lui-même, ainsi que ceux dont je viens de citer les noms, soutiennent, défendent et font triompher l'idée d'établissements généraux d'enseignement supérieur.

Puis la réaction thermidorienne arrive. Il faut aller au plus pressé. Les moments sont difficiles et l'on crée les écoles spéciales. On les crée, et hier l'honorable M. Challemel-Lacour voulait bien dire que nous avions peu de goût pour ces écoles, que nous ne considérions pas que ce fussent des établissements bien utiles à l'enseignement supérieur de ce pays. Il allait même jusqu'à penser qu'il y avait dans notre esprit, contre les écoles, quelques menaces pour leur avenir. Les écoles spéciales ont rendu et rendent encore les plus grands services, je tiens à le dire, et elles ne sont menacées en aucune façon par le projet qui vous est actuellement soumis. Mais, l'École polytechnique, l'École normale et d'autres encore, qu'ont-elles été dans l'esprit de leurs auteurs? Elles ont été des écoles de préparation professionnelle supérieures.

Voilà ce qu'elles sont et ce qu'elles doivent être. Elles doivent produire et elles produisent, en effet, des serviteurs de l'État, des hommes qui entreront dans les services publics pour une besogne déterminée, et l'on comprend dès lors la nécessité du caractère spécial qui leur est donné. Elles n'ont pas à s'occuper de la culture générale de l'esprit, et l'on peut dire qu'elles ont pour mission d'imprimer, dans la plus large mesure possible, une marche rapide à un service public nécessaire au pays lui-même. Il faut, dans un temps donné, dans le moins grand nombre d'années possible, faire des ingénieurs, des officiers, des professeurs ; il faut donc organiser d'une façon solide des écoles propres à donner une préparation intensive à ces serviteurs de l'État.

Voilà les écoles spéciales, voilà leur raison d'être. Il n'y a rien de contradictoire entre l'organisation de ces écoles pratiques professionnelles et l'organisation générale de l'enseignement supérieur scientifique. Les deux idées se complètent et leur union est nécessaire pour former tous les hommes nécessaires à un grand pays. Il n'y a pas là de contradiction.

La création des écoles spéciales, leur organisation pratique et immédiate a été nécessaire, et si l'on s'est borné alors à elles, c'est parce qu'on n'a pas eu le temps d'aborder le grand problème de l'organisation définitive de l'enseignement supérieur scientifique. Voilà la vérité sur la Révolution française.

Mais au lendemain de la Révolution? La thèse change, il ne s'agit plus alors des écoles spéciales dans le sens professionnel, il s'agit d'organiser l'enseignement supérieur proprement dit et vous allez voir comment on veut l'organiser. C'est de l'Université impériale que je veux parler.

L'Université impériale est une œuvre née tout entière de la pensée de Napoléon. Le grand ennemi de Napoléon c'est l'idéologue, et l'idéologue c'est l'homme aux idées générales, tout simplement. Il ne faut pas d'hommes à idées générales dans l'empire français : il faut des ingénieurs, des officiers, des fonctionnaires; il faut des avocats, des médecins, des professeurs. Voilà ce qu'il faut; il faut qu'à tous les degrés, partout, sur tous les points du territoire, dans tous les services publics, tous ces hommes n'aient qu'une pensée, qu'un désir, qu'une volonté : la pensée, le désir, la volonté du maître.

Et alors, imaginez-vous qu'on va grouper les esprits intelligents pour qu'ils puissent s'éclairer, s'échauffer au contact les uns des autres, se connaître et vouloir ensemble? Non; on les

séparera, on les parquera, et dans chacun des
casiers, dans chacun des petits coins créés par
la volonté impériale, on enfermera chacune des
catégories de citoyens; on ne leur permettra
pas de lever le front et les yeux au-dessus des
barrières, de voir alentour, et chacun marchera
dans la voie rigoureusement tracée à l'avance,
et, pour ainsi dire, les yeux bandés, vers le but
voulu par le despote.

Eh bien, Messieurs, cette l'université impériale, c'est la division de l'enseignement supérieur; c'est la faculté des lettres ignorant ce
qui se passe dans la faculté des sciences, c'est
la faculté de médecine ignorant ce qui se
passe dans la faculté des sciences également,
c'est la faculté de droit complètement mise à
part; c'est chacun renfermé dans sa spécialité.

En 1814, les choses vont aller plus loin
encore. Une faculté de médecine même, c'est
dangereux; c'est un champ bien vaste pour
l'esprit humain que les sciences naturelles. Si
l'on divisait encore? Et vous avez, en 1814, ce
projet merveilleux du père Élisée, premier
médecin de Louis XVIII, proposant de diviser
les facultés de médecine en facultés de médecine
proprement dites d'une part, et en facultés de
chirurgie de l'autre, de façon à mieux établir
la spécialisation des enseignements.

L'institution a duré ainsi jusqu'en 1870. Certes, je ne veux pas dire que ces chaînes, mises, sur l'esprit français, que ces liens étroits par lesquels on voulait entraver toutes ses initiatives, aient pu suffire à le contenir. Il est, Dieu merci, trop grand, trop puissant ! Mais il n'en a pas moins été entravé et retardé, à un certain moment, dans son développement par cette œuvre de localisation et de dislocation de l'enseignement supérieur.

Je ne me permettrais pas de définir moi-même l'état dans lequel était l'enseignement supérieur sous le second Empire, à la veille de 1870, si des hommes qui font autorité, qui ont été la gloire de notre science française, n'avaient pas eux-mêmes, à cette époque, porté des jugements que je vous demande la permission de vous rappeler.

Voici comment Dumas, le grand chimiste, s'exprimait alors sur la situation de notre enseignement supérieur dans la commission de 1870 : il était, vous allez le voir, extrêmement sévère :

« La commission, disait-il, a reconnu, à l'unanimité, que le mode actuel d'enseignement ne pouvait être continué sans devenir pour lui une source de décadence, d'affaiblissement et de dégénérescence. »

Et Sainte-Claire Deville, que M. Challemel-

Lacour citait lui-même hier, dans cette commission s'exprimait ainsi :

« Je fais partie de l'Université depuis longtemps; eh bien! voici, en mon âme et conscience, ce que j'en pense. »

J'ose à peine le lire et, cependant, c'est un document officiel et c'est signé d'un des plus grands noms de la science française :

« L'Université, telle qu'elle est organisée, nous conduirait à l'ignorance absolue; je voudrais que l'Académie des sciences employât toute son autorité pour faire sortir de ses gonds la porte rouillée qui s'est fermée sur notre enseignement depuis 1792. »

Vous voyez bien qu'il savait, lui aussi, à quelle date la Révolution s'était arrêtée dans l'œuvre entreprise et qu'il donnait bien sa signification à ces faits que je signalais tout à l'heure.

Eh bien, la porte rouillée, qui s'est fermée sur notre enseignement en 1792, la République a tâché de la rouvrir, et j'arrive alors à ce qui s'est passé depuis 1870 jusqu'à l'heure présente.

Certes, l'idée de reconstituer les écoles de science universelle, les universités, ne naît pas immédiatement au lendemain même de 1870. On va d'abord au plus pressé. De même que la Révolution avait créé les écoles spéciales pour

répondre à des besoins publics immédiats, de
même la République commença par pourvoir
aux besoins matériels de cet enseignement supérieur dont l'état de misère — c'est le mot qui
a été été employé, hier, par l'éminent orateur
auquel je réponds — frappait tous les yeux : et
les premières années se passent à outiller nos
facultés, à développer leur budget, à créer des
bâtiments convenables, à organiser des labora-
toires munis des instruments que la science
moderne exige, à faire, en un mot, que les instruments matériels du travail scientifique soient
désormais libéralement mis à la disposition de
nos savants.

Mais il va sans dire qu'au fur et à mesure
que cet enseignement, ainsi renouvelé et ra-
jeuni, prenait force, consistance, espérance,
comme dans un corps bien portant, les idées
arrivaient, et peu à peu le besoin de rapprochement entre les différents enseignements, la
nécessité de rompre les cloisons, comme on l'a
dit, d'établir des communications nécessaires
entre les esprits, se faisaient sentir. C'est ainsi
que, très spontanément, s'est créé ce mouvement d'opinion en faveur des universités dont,
je l'espère, nous verrons bientôt le terme dans
l'adoption des dispositions que nous soumet-
rons à votre approbation.

M. Challemel-Lacour a parlé, hier, de la

façon dont on aurait préparé ce mouvement d'opinion.

Croyez-vous, Messieurs, que l'on puisse préparer un mouvement d'opinion chez les savants français ? Croyez-vous qu'il appartienne à un ministre, à une administration française de venir dicter leurs pensées à des hommes qui s'appellent Boissier, Renan, Taine, comme ils s'appelaient Dumas ou Sainte-Claire-Deville dans la génération précédente ? Dépend-il de la volonté d'un ministre ou d'une administration que, dans une faculté, les professeurs descendent de leur chaire et, s'entretenant de ces questions avec leurs élèves, arrivent à des conclusions qui sont celles dont j'ai parlé tout à l'heure ?

Non, c'est un mouvement plus puissant que toutes les volontés, c'est un mouvement tellement puissant qu'on peut dire que les ministres de l'Instruction publique qui se sont succédé, dont quelques-uns étaient et sont encore, Dieu merci ! de grands universitaires, mais dont beaucoup d'autres étaient étrangers aux préoccupations universaires, quand ils ont pris le portefeuille de l'Instruction publique, se sont trouvés, les uns après les autres, et presque tous également, pénétrés de ces idées, tant elles sortaient de terre autour d'eux, tant tout ceux avec lesquels ils entraient en communication dans cette vie universitaire les exprimaient et les professaient hautement et librement.

Voilà comment s'est fait ce mouvement d'opinion, comment, au moment de la réorganisation matérielle des services, on peut dire que la réorganisation intellectuelle·de l'enseignement supérieur est apparue d'abord aux esprits de ceux qui professaient, puis aux esprits de ceux qui administraient, comme une idée fondamentale et nécessaire à laquelle il fallait que les pouvoirs publics donnassent consécration.

Je ne rappellerai pas les noms de tous ceux de mes prédécesseurs qui se sont associés à ce mouvement, qui l'ont encouragé, soutenu, favorisé, accéléré, depuis M. Jules Simon, en qui je salue l'éminent président de la commission, grâce au travail de laquelle le projet de loi est aujourd'hui soumis à vos délibérations, en passant par l'honorable M. Wallon, par M. Waddington, par M. Bardoux, notre énergique et vaillant rapporteur que je remercie de toute la peine qu'il se donne pour faire triompher notre cause, par M. Jules Ferry, M. Paul Bert, M. Goblet, que j'espère entendre, lui aussi, défendre le projet.

M. René GOBLET. — Il n'y a plus rien à dire après vous.

M. LE MINISTRE. — Je vous demande pardon... Jusqu'à l'honorable M. Berthelot qui siège ici

au banc de la commission, et qui pourrait faire
entendre avec plus d'autorité que personne la
cause des droits de la science dans cette Assemblée, jusqu'à M. Fallières, mon prédécesseur
immédiat, qui me recommandait, par un mot,
tout à l'heure encore, de soutenir le projet qui
nous est commun à tous. Tous les ministres
républicains, tous ou presque tous le défendent
avec moi devant vous.

... Est-ce donc une chimère que l'idée commune à tous ces esprits, est-ce donc un rêve
commun, on l'a dit hier, que cette idée de la
nécessité du rapprochement des enseignements,
de la création d'écoles universelles, où toutes les
sciences, comme disait Condorcet, seront enseignées dans toute leur étendue?

Je crois, pour mon compte, que c'est une idée
qui triomphera de tous les obstacles, parce que
c'est une idée parfaitement juste en soi et qui
répond à la constitution même de l'esprit
humain. Tous les enseignements sont solidaires,
et comme l'a dit un écrivain que je vous
demande la permission de citer — M. Lavisse
— « cette solidarité est aujourd'hui démontrée.
Nous n'admettons plus qu'un philosophe ne
connaisse pas l'anatomie du cerveau, qu'un
psychologue ignore la physiologie, qu'un géo-
graphe n'ait pas scientifiquement étudié le sol
et l'atmosphère, qu'un historien ne sache pas

analyser et critiquer les lois avec la méthode d'un juriste, qu'un juriste ne sache pas placer le droit dans le temps et le « perpétuel devenir », selon la méthode historique. L'esprit de notre siècle a renversé les barrières qui séparaient les différentes parties de la connaissance. N'avons-nous pas vu, ne voyons-nous pas la méthode d'un naturaliste appliquée à toutes les sortes de recherches, et des historiens, des critiques et des politiques se ranger parmi les disciples de Darwin, et cette unité de méthode démontrer l'unité de la science ? »

Je pourrais citer, chose significative ! des passages analogues pris dans des écoles bien différentes. Le père Didon lui-même, écoutez ce qu'il dit du rôle de la science, et de la science totale, dans un pays démocratique :

« Dans un pays de démocratie grandissante, on ne saurait attacher trop d'importance à l'organisation de la science totale et à l'éducation large des esprits, en pleine lumière de la raison. »

Cette idée de l'unité de la science et de la solidarité nécessaire des enseignements, est-ce simplement une vue philosophique, ou n'est-ce pas une idée qui tous les jours devient plus nécessaire et s'impose de plus en plus à nous par la vue même des progrès et des découvertes de la science !

Comment se sont faites un certain nombre de découvertes dans ces derniers temps? Est-ce dans une science particulière? Dans un cadre spécialement déterminé? Non. A chaque instant vous voyez les découvertes franchir ces barrières artificielles qu'élève entre les sciences une classification toujours arbitraire et provisoire. Je citais à Montpellier, dans ce voyage qu'on m'a reproché hier, l'œuvre accomplie par un professeur de l'École normale et de la Faculté des lettres, pour le renouvellement de l'enseignement du droit : je veux parler de Fustel de Coulanges dont vous connaissez tous le livre *la Cité antique*. Ce livre a fait une véritable révolution dans l'enseignement du droit de notre pays ; et ai-je besoin de vous citer Pasteur, ce chimiste qui a certainement renouvelé la médecine de notre temps et qui cependant n'a jamais été professeur de médecine?

Ces barrières artificielles mises entre les différentes parties de la science sont donc non seulement contraires à l'idée philosophique et supérieure de l'unité de l'esprit humain, mais elles sont contraires aux nécessités mêmes de la découverte et de la recherche scientifique qui s'affranchissent elles-mêmes de ces lisières et de ces liens.

Pour connaître, l'esprit humain commence par analyser et par classer ; il est obligé, pas-

sez-moi ce mot philosophique, d'abstraire avant
d'induire : mais ensuite il faut la synthèse, et
pour la synthèse, à notre époque, il faut la
connaissance générale des résultats de toutes
les sciences du temps.

Il est impossible qu'un homme éclairé puisse
véritablement diriger son esprit s'il est renfermé
dans une connaissance unique. Il est nécessaire, à tous moments, qu'il ait une connaissance, non pas approfondie, cela va sans dire,
mais suffisante des résultats obtenus dans les
sciences voisines de la sienne.

A chaque instant, c'est la découverte d'une
loi nouvelle en physique qui permet de faire
un progrès en chimie, en physiologie ; à chaque
instant, c'est une découverte dans les sciences
naturelles qui permet de faire un pas en avant
dans les sciences sociales elles-mêmes. Si cette
unité nécessaire de l'esprit humain dans la
recherche est une loi organique à laquelle il ne
peut échapper, quelle en est la conséquence
logique? C'est qu'il faut donner son instrument
à ce besoin de l'esprit, et cet instrument c'est
l'école dans laquelle sont réunis tous les objets
de la recherche et de l'enseignement, c'est-à-dire
l'école universelle.

Messieurs, voilà quelle est l'idée qui est au
fond de ce grand mouvement; on peut la critiquer, on peut chercher à s'en défendre, mais

elle existe et elle anime passionnément depuis vingt ans l'université de France.

Le projet de loi actuel tend à lui donner satisfaction. S'il est voté, ce sera bien une réalité que les universités nouvelles. Et vous aurez fait quelque chose de réel, de vivant et d'agissant.

.·.

Mais il y a autre chose. L'intérêt général, ce n'est pas seulement l'intérêt d'ordre philosophique, si vous voulez bien, dont je parlais tout à l'heure dans la première partie de mon discours ; il y a un intérêt pratique, un intérêt d'ordre professionnel, un intérêt d'ordre éducatif si vous voulez bien me passer le mot, un intérêt plus direct qui est engagé dans cette question. On s'est demandé si la constitution des universités n'allait pas faire dévier nos établissements d'enseignement supérieur de leur destination nécessairement professionnelle, si l'enseignement de préparation aux carrières n'allait pas être troublé par la préoccupation plus élevée des recherches scientifiques, qui paraît être dans l'esprit des auteurs du projet de loi.

Messieurs, loin de le croire, je suis certain du contraire ; — et ici je parle en témoin, car dans les voyages que j'ai faits pour me rendre compte de la situation des facultés dans un certain nombre de nos villes, j'ai examiné de très près qu'elles seraient les conséquences probables, en ce qui touche la distribution des études et l'organisation intérieure des cours, du système universitaire substitué au système des facultés séparées, — et voici ce que j'ai vu. J'ai vu que dans toutes les villes où les facultés ont été groupées et réunies avec l'espoir de devenir des universités de demain, l'enseignement professionnel, la préparation aux carrières a pris un caractère plus complet et mieux adapté aux besoins véritables de la profession.

C'est qu'en effet, de même que je disais tout à l'heure que pour la recherche scientifique il n'est pas possible de s'enfermer exclusivement dans une des branches de la science, de même pour la préparation professionnelle aujourd'hui, dans l'état actuel de la société et de la science, il est devenu impossible de s'enfermer dans les limites d'une science déterminée.

Mais prenons des exemples. Autrefois, l'avocat étudiait seulement le droit; il avait fait des lettres, bien entendu; il arrivait avec une culture générale aussi complète que possible; puis il faisait du droit et c'était tout; mais aujourd'hui le droit lui suffit-il?

Quand il lui faut plaider une de ces questions complexes et difficiles, comme les nécessités de l'industrie et du commerce de notre temps en amènent chaque jour devant la barre de nos tribunaux, il est obligé de sortir des études juridiques proprement dites et d'étendre, en dehors des études de droit, ses connaissances et sa compétence. Un avocat qui plaide les brevets par exemple, est obligé d'étudier les sciences mécaniques; celui qui plaide les falsifications, est obligé de savoir de la chimie; tel autre qui plaide les causes criminelles est obligé d'apprendre la médecine légale, la physiologie, que sais-je encore? Il faut que l'avocat sache, en un mot, tout ce que comportent aujourd'hui les discussions scientifiques qui se déroulent devant les tribunaux.

Et le médecin! mais le médecin ne peut plus être renfermé, à proprement parler, dans la faculté de médecine. L'observation à fait place à l'expérimentation, et l'expérimentation médicale, qui était purement physiologique, est devenue une expérimentation chimique et physique qui force le médecin à sortir de la clinique pour entrer dans le laboratoire. La médecine n'est plus une science isolée; elle est contrainte, à chaque pas, de faire appel aux sciences voisines, à la chimie et à la physique.

Remarquez que je n'exprime pas ici des vues personnelles; je parle d'après les témoignages qui m'ont été fournis par les hommes les plus considérables, les plus compétents de nos facultés. Si bien qu'aujourd'hui, la question se pose d'organiser la première année de la médecine dans la faculté des sciences, de façon à permettre aux médecins d'avoir des connaissances chimiques et physiques plus complètes, des connaissances expérimentales, avant d'entrer sur le terrain médical. Et nous faisons en ce moment à Toulouse l'expérience de la première année des études de médecine dans les instituts de la faculté des sciences...

C'est en vue des futures universités que cette cohésion se fait, que les enseignements ont consenti à se laisser pénétrer les uns par les autres, que les professeurs ont bien voulu se prêter à cette mise en action d'organes communs.

J'appelle votre attention sur la façon dont sont constitués, dans un certain nombre de facultés, ce que l'on appelle aujourd'hui les instituts de physique, les instituts de chimie, les instituts de botanique. Ce sont des organes communs à diverses facultés; ce sont des endroits où les élèves de la faculté des sciences comme ceux de la faculté de médecine, viennent travailler simultanément à côté les uns des autres.

Ces instituts produisent ce double résultat de rapprocher d'abord les élèves, les esprits, de fondre, de mêler les différents éléments de notre enseignement supérieur ; mais ils produisent aussi, au point de vue matériel, une économie considérable dans les frais généraux de l'enseignement. Au lieu d'avoir à la faculté de médecine des services de chimie, de physique, etc.. organisés spécialement, il suffit d'avoir un service général, à frais communs, et suffisant aux besoins des différents enseignements.

Vous dites : cela existe dès aujourd'hui. Cela existe, je le répète, parce que, depuis quinze ans, dans notre enseignement supérieur, dans toutes les organisations que l'on a faites, on a pensé, précisément au faisceau qu'il s'agissait de former, parce que l'idée première, qui n'a jamais été abandonnée une seule minute, a été précisément d'arriver à constituer ces organismes qui s'appellent les universités.

Tous ces organes communs, on les a créés, on les a coordonnés dans ce but ; on les a d'avance adaptés à leur fonction, pour prouver par l'expérience, qu'en France, de ces facultés autrefois isolées et séparées on pouvait faire des corps vivant d'une vie commune.

C'est cela que, depuis le décret de 1885, les conseils généraux des facultés ont pu déjà, en fait, organiser à titre d'expérience et c'est cela que nous vous demandons, Messieurs, de consacrer et de rendre définitif par le vote de la loi.

Je suis allé à Lyon, l'autre jour, et j'y voyais entre les différentes facultés, ce que j'appellerai des enseignements de liaison.

Entre la faculté de droit et la faculté de médecine, j'ai vu un cours de médecine légale; entre la faculté des lettres et la faculté des sciences un cours de géographie physique; entre la faculté des lettres et la faculté des sciences, un enseignement de physiologie appliquée à la psychologie, fait par les deux professeurs de philosophie et de physiologie associés dans une pensée commune; entre les facultés de médecine, des sciences et des lettres, un cours d'histoire générale des sciences et des méthodes, fait par un des professeurs de la faculté des lettres.

Vous répondrez, Messieurs, que cela est excellent; vous l'approuverez tous, je suis sûr que l'unanimité du Sénat approuvera ces organisations communes, ces pénétrations entre les enseignements; et, en approuvant cela, vous approuverez par là même cette idée de l'unité de la science dont je faisais le point de départ de toute mon argumentation. Mais vous répondrez : « A quoi bon faire des universités, puisque cela existe? »

Je vous réponds à mon tour : c'est parce que cela est bon qu'il faut que cela soit définitif; c'est parce que cela est bon et nécessaire, et que cela n'a encore qu'une existence précaire et provisoire, parce que cela n'a été organisé que par voie de décrets, à titre préparatoire, c'est pour cela que nous vous demandons de consacrer cette unité de l'enseignement supérieur, cette coordination des services et des enseignements, en donnant aux corps où elle se trouve le titre d'université; en donnant à l'université, la personnalité civile; en organisant ces personnes nouvelles, comme vous le propose le projet de loi; en consacrant, en consolidant ce qui a été fait depuis quinze ans sous l'influence de cette idée d'université, et en faisant de cette idée devenue enfin réalité, le point de départ de nouveaux progrès.

Voilà, au point de vue professionnel, comment cette idée philosophique de l'unité de la science se manifeste et se réalise en élevant le niveau général de notre enseignement supérieur.

Donc, au point de vue même de la préparation professionnelle aux différentes carrières, il y a les avantages les plus grands à cette union, à ce rapprochement des enseignements.

Mais, au-dessus de ces intérêts, y a-t-il — et c'est là la préoccupation d'un certain nombre d'entre vous — ou n'y a-t-il pas certains inconvénients d'ordre public à l'organisation qui vous est proposée? En abordant cette question, je touche à ce qui a été dit, hier, de l'esprit de l'enseignement, tel que l'aurait conçu la Révolution française, et je touche également aux considérations que l'orateur qui m'a précédé à cette tribune présentait au Sénat sur l'état politique général de la société française. Sera-t-il touché à cet état de la société française? Y a-t-il quelque chose à craindre, soit pour les droits de l'État, soit pour les idées, qui sont les nôtres dans la création qui vous est demandée?

Les droits de l'État, Messieurs, sont assurés aussi complètement qu'il est possible de le faire.

Cette inquiétude, M. Challemel-Lacour l'a exprimée hier et dans le plus beau langage. Il a dit qu'il ne fallait pas perdre la notion que, dans notre pays, l'enseignement supérieur, comme tous les autres ordres d'enseignement, était un service public de l'État : que l'État, tel que nous le concevons, a la dette de l'enseignement vis-à-vis de l'ensemble des citoyens; qu'il n'a pas le droit d'abandonner ce service; qu'il doit toujours avoir la main sur lui, et qu'il ne doit rien laisser faire qui puisse, à un moment donné, rompre le faisceau.

Le projet de loi, à cet égard, donne entière

satisfaction aux défenseurs les plus scrupuleux des droits de l'État. Certes, les universités auront la personnalité civile ; mais elles l'auront comme beaucoup d'autres personnes civiles ; elles seront soumises, comme elles, à la tutelle de l'État. Elles auront ce titre, comme les facultés l'ont déjà aujourd'hui ; mais elles seront unies à l'État par les mêmes liens de droit, par les mêmes liens de tutelle. A cet égard, rien n'est changé ; ce n'est qu'une application de plus des principes de notre droit public. Nous n'avons voulu rien modifier des rapports établis aujourd'hui entre les différents établissements d'enseignement supérieur et l'État. Que l'on s'appelle université ou faculté, que ce soient les Conseils généraux des facultés qui délibèrent ou les Conseils d'universités, les mêmes approbations ministérielles seront nécessaires, et surtout — et c'est là ce qui fait que véritablement la crainte est chimérique — la nomination des maîtres appartient toujours à l'État.

Là où la nomination du corps enseignant appartient à l'État, pouvez-vous avoir des craintes, des inquiétudes, et concevez-vous que ces assemblées, dont on parlait tout à l'heure, puissent être, à un moment donné, un danger quelconque pour l'ensemble du pays ?

Aussi bien, Messieurs, ne s'agit-il pas à proprement parler des droits de l'État, et je crois que si on en a parlé, c'était sans une crainte bien profonde. Ce qui peut préoccuper davantage, c'est l'esprit de ces institutions nouvelles.

Quel doit donc être le rôle de l'enseignement supérieur dans notre pays, quel sera-t-il au lendemain de cette organisation des universités, et quel profit ou quel danger en pouvons-nous attendre pour l'état social que nous voulons maintenir, pour l'État républicain?

Eh bien, Messieurs, je crois qu'on n'a jamais mieux dit quelle était l'importance sociale de l'enseignement supérieur dans un pays libre que l'orateur qui m'a précédé hier à cette tribune et qui, en 1875, avait prononcé sur cette question un discours dont vous vous souvenez encore.

Voici comment M. Challemel-Lacour s'exprimait à cette époque :

« Ce qui donne tant d'importance à l'enseignement supérieur dans un pays, ce n'est pas qu'il fait des avocats, qu'il fait des médecins, qu'il fait des magistrats, qu'il fait des humanistes, ce n'est pas non plus qu'il entretient ou qu'il propage l'amour désintéressé de l'étude et de la science, ce n'est pas même qu'il élève le niveau des connaissances humaines — ce sont là certainement des services immenses, et pourtant ce sont des services secondaires ; — ce qui lui donne une telle importance, une gravité si haute, c'est que, plus que tout au monde, plus que toutes les autres causes ensemble, il contribue à former l'esprit de ce qu'on nomme improprement les classes moyennes. Improprement, car ce ne sont pas des classes, elles viennent de partout, d'en haut, d'en bas. Mais si elles ne sont pas une classe, elles sont une puissance, une puissance indestructible : leur union est le nerf et l'éclat d'un peuple ; leurs divisions entourent les gouvernements de difficultés et entourent quelquefois les sociétés de périls. »

Messieurs, on n'a jamais mieux dit quelle était l'importance de l'enseignement supérieur dans le pays ! Ce n'est pas tant par la préparation aux carrières que par l'influence qu'il exerce sur la direction générale des esprits, que cet enseignement est important, et c'est parce que nous croyons qu'il y a dans la diffusion des idées qui se dégagent peu à peu du haut enseignement, c'est parce que nous croyons qu'il y a, là, la force vitale du pays tout entier, que nous désirons que cet enseignement supérieur soit aussi complètement organisé qu'il est possible de l'espérer.

L'enseignement supérieur, tel que nous le comprenons, c'est la source des idées générales dans le pays tout entier, et c'est pour cela que nous voulons l'organiser puisamment sur un certain nombre de points, pour que de ces sources ces idées jaillissent plus lumineuses et plus éclatantes, et qu'ensuite elles se répandent de là sur la masse entière de la nation.

Notre enseignement supérieur subdivisé entre les différentes facultés et les différentes sections que vous connaissez peut-il vraiment jouer le rôle que M. Challemel-Lacour lui assignait en 1875?

L'enseignement supérieur composé de professeurs de droit, de professeurs de lettres, de professeurs de sciences, de professeurs de médecine, peut-il considérer qu'il a charge vis-à-vis du pays tout entier de cette préparation et de cette distribution des idées générales?

Chacun de ces professeurs accomplit complètement, absolument sa tâche professionnelle, l'État ne lui demande pas davantage. Le professeur d'université, tel que nous le concevons, celui qui fait partie d'un tout, organisé comme la science elle-même, se sent par là même investi d'une fonction, d'une mission plus haute. Il comprend alors le rôle du professeur de l'enseignement supérieur comme M. Challemel-Lacour disait si bien qu'il doit être compris; il se sent alors, non plus seulement une charge professionnelle, mais une charge sociale à l'égard du pays tout entier, et il est investi par le pays lui-même d'une dignité plus haute, qui lui donne plus de forces pour exercer ce mandat.

Aujourd'hui, je puis le dire, les esprits sont préparés à concevoir ainsi le rôle de l'enseignement supérieur; nos maîtres y sont préparés, nos jeunes gens aussi y sont préparés; c'est une chose admirable que de voir comment cette jeunesse studieuse s'est constituée, s'est groupée en associations dans toutes ces villes où l'on espère les universités; c'est un esprit très sérieux qui les anime, croyez-le bien, ce n'est pas du tout le goût des manifestations extérieures ni ce petit amour-propre qui fait qu'il est agréable de se promener avec un drapeau portant le nom de l'université de demain et avec un costume rappelant l'université d'hier. Ce n'est pas cela qui groupe et réunit les étudiants autour de leurs maîtres, c'est une idée très haute qui correspond bien à ce que je disais tout à l'heure du devoir de l'enseignement supérieur vis-à-vis du pays. C'est cette pensée qu'ils font partie de l'élite de la jeunesse du pays, qu'ils reçoivent de l'État les connaissances pour en faire à leur tour profiter le pays, que c'est une mission qui leur est confiée, qu'ils ont charge d'âme envers la nation, et qu'ils doivent se préparer pour être demain ceux qui dans la nation joueront le rôle le plus actif.

Eh bien ! les maîtres et les jeunes gens ont aujourd'hui cette notion, et autour d'eux, autour de ces facultés, de ces groupes universitaires, de ces maîtres et de ces jeunes gens, dans les villes où seront les universités de demain, vous trouverez ce sentiment très net qu'il y a là quelque chose de grand, quelque chose de profitable au pays, que ce qui se fait dans ces universités, ce n'est pas seulement de la science professionnelle et spéciale, mais aussi la préparation de ces idées générales qui doivent être communes au peuple tout entier. C'est pourquoi les fêtes universitaires deviennent de plus en plus des fêtes populaires, nationales, dans les différentes villes où l'on a l'occasion de les célébrer.

Les cités tout entières s'associent au mouvement universitaire, s'y associent généreusement et intelligemment, avec le sentiment qu'elles font une œuvre utile à la nation tout entière.

Messieurs, ce rôle de l'enseignement supérieur ainsi compris par les maîtres, par les élèves, par les cités, on ne le remplira bien, on ne le remplira complètement que si le projet de loi est voté; sinon, ce sera une diminution et comme une chute. Du rejet de la loi, on conclurait que l'État veut enfermer les facultés dans leur tâche professionnelle, qu'il ne veut pas qu'elles prennent dans le pays ce rôle élevé qui est leur véritable rôle, et il en résulterait un découragement que, j'en suis sûr, vous ne voudrez pas provoquer.

C'est que, en effet, le rôle de la science dans un pays comme le nôtre ne saurait être considéré comme trop important et comme trop élevé.

Je vous demande la permission, et je termine par ces paroles, d'insister sur ceci, que nous sommes dans une démocratie, et dans une démocratie laïque, et que ce caractère particulier qui est si profondément cher à notre pays appelle précisément et de la façon la plus pressante l'organisation aussi élevée, aussi puissante que possible de l'enseignement de la science totale dans notre pays.

Oui, la science totale, c'est bien le mot que j'ai employé à dessein. Le problème posé est celui-ci : Nous sommes une démocratie dans laquelle la volonté nationale est maîtresse, mais dans laquelle il faut cependant assurer l'unité des consciences et des volontés. Dans un État monarchique, l'unité de la volonté nationale s'assure facilement ; dans un État monarchique comme l'était le nôtre avant 1789, où l'Église et l'État étaient étroitement associés, la doctrine, la pensée unique qui devait animer la société tout entière était enseignée et professée par l'Église. L'État, le roi étaient chargés de la faire respecter et de la faire obéir. Comme on le disait dans un livre récent, l'idée et l'épée étaient dans la même main.

Dans un État comme le nôtre, au contraire, la volonté est entre les mains des délégués de la masse souveraine, et l'idée, elle, est éparse, dispersée dans cette masse immense. Qui lui donnera la cohésion et l'unité? Où sera le point, le foyer où se rassembleront toutes ces pensées et duquel partira, par des ramifications s'étendant sur l'ensemble du pays tout entier, la volonté de ce pays? Ah! certes, il arrivera certaines heures où spontanément, instinctivement pour ainsi dire, toutes ces pensées seront réunies, toutes ces volontés seront d'accord; c'est aux heures graves, le jour où la patrie sera menacée. Ce jour-là il est évident que toutes les volontés seront d'accord et qu'on ira d'un seul cœur et d'un même pas défendre la patrie attaquée.

Le jour aussi où la lassitude d'un despotisme, d'une servitude se sera fait sentir aux meilleurs, elle finira par faire pénétrer dans le cœur des plus humbles le besoin de l'affranchissement, et cette explosion nationale, ce sera, Messieurs, ou le 14 juillet ou bien 1830. Mais qui vous dit qu'à certaines autres heures, si vous laissez simplement au hasard des événements le soin de faire l'unité de conscience dans ce pays, qui vous dit que ce ne sera pas dans un autre sens et sur une autre pente que se produira le mouvement? Oui, il y aura des heures où l'ensemble du pays battra d'un même cœur et marchera vers la liberté. Mais il y en aura d'autres où le besoin de repos, la lassitude de la lutte, l'illusion, l'entraînement pourront jeter le pays sous les mains d'un soldat d'aventure.

Voilà les hasards auxquels peut être livré un grand pays dans lequel il n'y a pas quelque part des foyers puissants d'où véritablement se dégage l'unité de la pensée nationale.

Je crois qu'il n'est pas possible de toucher à une question plus haute. J'estime qu'il faut que nous sentions très nettement qu'il y a des conditions nécessaires d'organisation intellectuelle et morale pour une démocratie. Je pense que le secret de cette force intellectuelle et morale est précisément dans une organisation puissante de l'enseignement supérieur, dans cette organisation de la science, de la science totale, comme on disait tout à l'heure en souriant, c'est-à-dire de la science sans épithète.

Il n'y a que la science qui puisse, dans un pays de liberté de conscience et de liberté politique, créer un terrain commun sur lequel se rassembleront les volontés.

Pourquoi? Parce qu'il n'y a que la science

qui s'adresse à la raison; parce que l'unité qui se fait à certaines heures par les mouvements instinctifs est une unité fragile, et que la seule unité solide est celle qui se fait par les idées communes, c'est-à-dire par la science qui, seule, est capable de trouver les points communs sur lesquels les raisons humaines peuvent s'accorder. Sous la diversité des croyances, qu'elle respecte et que l'État respecte comme elle, elle trouve des certitudes communes, et c'est sur elles que se fonde la pensée même de la nation.

Voilà, je le répète, ce qu'est dans une démocratie libre et laïque, le rôle de la science. Voilà pourquoi il faut qu'il soit donné à cet agent puissant de progrès et de liberté l'organe qui lui est nécessaire pour resplendir pleinement.

Les universités sont cet organe. Vous les constituerez. Et vous pouvez être assurés qu'elles serviront à développer en France l'esprit de progrès et l'esprit de liberté.

UN EXEMPLE[1]

Ernest RENAN

Messieurs,

Il ne m'appartient pas de retracer ici la vie d'Ernest Renan, ni de juger son œuvre et son génie. Je dois laisser cette tâche, faite pour tenter les plus grands, à ceux qui furent les compagnons de ses travaux. Je veux seulement, après avoir offert à sa noble veuve le témoignage de notre profonde sympathie, dire en quelques mots pourquoi il a paru au gouvernement de la République que sa mémoire ne pouvait être trop solennellement honorée.

Messieurs, la mort de Renan est un deuil pour les lettres françaises, pour la science et pour la pensée humaine.

La langue française a perdu en lui un de ses maîtres. « On ne la trouve pauvre, disait-il, cette vieille et admirable langue, que quand

---

1. *Discours prononcé aux funérailles de M. Ernest Renan* (1892).

on ne la sait pas. » Nul ne l'a connue mieux que lui, et mieux aimée. Elle lui a été reconnaissante et lui a donné d'écrire des œuvres qui vivront autant qu'elle-même. Que de pages restées dans nos mémoires depuis cette invocation à l'âme de sa sœur Henriette, qui ouvre la grande histoire des origines du christianisme, jusqu'à la « Prière sur l'Acropole » et la « Résignation à l'oubli » ! Sévères récits d'histoire ou touchants tableaux de la vie d'enfance, conférences et discours, feuilles « jetées au vent » ou profondes études philosophiques, on goûte à les lire une saveur exquise et pénétrante, d'une plénitude encore inconnue : c'est bien « la vieille langue », avec toute sa clarté, sa probité séculaire, et c'est autour d'elle comme un charme de jeunesse nouvelle. Cette jeunesse ne passera point : avant même que sa main ne fût arrêtée par la mort, Renan avait pris sa place parmi les classiques de la France.

« Ce qui se fait sans les Athéniens, avait-il dit, est perdu pour la gloire. » Et dans sa conscience d'artiste il ne voulut jamais laisser paraître un de ses écrits sans l'avoir orné d'une forme parfaite. Mais la conscience du savant n'était chez lui ni moins haute, ni moins scrupuleuse. Le bruit fait autour de ces œuvres légères et charmantes où il se délassait de ses grands travaux, l'aimable légende qu'il laissait

se former autour de lui avec une indifférence
sereine et quelque peu dédaigneuse, ne doivent
pas nous faire oublier le fondement le plus
solide de sa gloire, cette érudition prodigieuse,
cette science aussi vaste que profonde, qui,
pendant un demi-siècle, a fait de lui le maître
par excellence de la critique historique. Philo-
logue, exégète, épigraphiste, archéologue, qu'il
s'agisse de l'histoire littéraire de la France au
xıv° siècle, de l'histoire des langues sémitiques,
de celle du peuple d'Israël ou de celle des premiers siècles de l'Église chrétienne, il a donné
l'exemple de la recherche la plus rigoureuse
et la plus étendue. Si la puissance de son
esprit l'élevait aux généralisations nécessaires ;
si la passion du beau, inséparable en lui de
celle du vrai, lui faisait mettre comme une
poésie dans l'interprétation de la réalité, jamais
les ailes de sa pensée ne l'entraînaient hors
du domaine précis de l'observation scientifique.
On peut dire de Renan ce qu'il disait de Claude
Bernard : « La plus haute philosophie sortait
pour lui de l'ensemble des faits constatés avec
une inflexible rigueur. »

Messieurs, ce qui fait l'originalité singulière
de l'œuvre d'Ernest Renan, ce qui explique son
action profonde, c'est d'avoir porté cette méthode scientifique dans un domaine nouveau :
l'histoire religieuse. C'est la philologie, science

d'observation minutieuse et merveilleux instrument de certitude, qui l'a conduit d'un pas assuré sur ce terrain jusqu'alors à peine entr'ouvert à la science. Avec quel respect il a abordé ces problèmes, vous le savez, Messieurs ; avec quelle sympathie ardente pour des croyances abandonnées dans un héroïque déchirement, mais aussi avec quelle fermeté d'esprit et de volonté !

Il avait prononcé ce mot redoutable : « Les religions se donnent comme des faits et doivent être discutées comme des faits, c'est-à-dire par la critique historique » ; et comme il pratiquait cette règle qu'il avait lui-même formulée : « qu'il n'est pas permis au savant de s'occuper des conséquences qui peuvent sortir de ses recherches », son génie, au prix de quels sacrifices ! poursuivit sa route inflexible.

Messieurs, cette grande œuvre domine les dernières années de notre siècle. Par une sorte d'évocation toute-puissante, Renan a ressuscité devant nos yeux l'âme religieuse des premiers âges de l'Église, comme Michelet avait fait revivre l'âme historique de la vieille France. Les traits de cette image sont-ils définitifs ? Le temps n'est pas venu de l'affirmer. Mais nous savons qu'il y a dans ce monument d'indestructibles parties : l'œuvre s'impose à l'admiration par la profondeur de la science, la liberté de l'examen et la magie de l'expression.

Elle s'impose aussi, et non moins fortement par son unité. Les sept volumes de l'*Histoire des Origines*, et avec eux les pages plus récentes du *Peuple d'Israël*, sont d'un même souffle, d'une invariable direction. On a parlé — c'était presque une mode — des indécisions de l'esprit de Renan. Peut-on accuser d'incertitude celui qui a mené, d'un seul sillon, ce labeur de vingt-six années ? Certes, il s'est complu, dans certains de ses écrits, « à varier, comme il le dit, les points de vue et à écouter les bruits qui viennent de tous les côtés de l'horizon » ; mais est-il besoin de rappeler à ceux qui vraiment ont lu ses livres qu'il faisait rigoureusement la part du doute et qu'il ne l'a jamais laissé pénétrer là où l'affirmation paraissait possible à son honnêteté ? Il avait à un égal degré le sentiment des limites de la connaissance et la passion de la tolérance. Nul ne rechercha et ne défendit avec plus de fermeté des solutions précises dans le domaine des vérités scientifiques. Au delà, c'était pour lui l'hypothèse, et la souplesse de sa pensée se prêtait sans effort aux mille apparences des choses ; la joie de son vaste esprit était « de réfléchir en soi une portion de plus en plus grande de ce qui est » ; mais il ne se reconnaissait plus le droit d'affirmer et de con-

clure. Il voulait rester un témoin attentif et
clairvoyant et se refusait à devenir un juge.
L'ironie dont il enveloppait son témoignage
n'était point l'ironie desséchante du scepticisme :
c'était le conseil de prudence donné par l'esprit
de doute à l'esprit d'affirmation, c'était le scrupule très délicat de la raison éprise d'idéal mais
résolue à la vérité. Sous la verdure merveilleuse
incessamment mouvante aux souffles divers de
l'infini, le roc breton se dresse et n'a jamais
tremblé.

Ses ennemis se sont cependant demandé si,
dans le domaine des vérités morales, un esprit
de cette puissance n'avait pas un devoir particulier ? Oui, Messieurs, le génie est responsable
envers son temps. Je ne crois pas que Renan
l'ait jamais oublié. Le vin qu'il a versé à notre
siècle est un vin subtil et fort, et quelques-uns
s'en sont enivrés. Laissez passer les années et
comptez sur ses qualités généreuses. La morale
de Renan est en somme une morale d'activité,
de courage et de bonté : « Allez, dit-il aux jeunes
gens, allez de l'avant avec courage ; allez, allez ;
ne perdez jamais le goût de la vie Croyez à
une loi suprême de raison et d'amour qui em-
brasse le monde et l'explique. Croyez au bien ;
le bien est aussi réel que le mal, et seul il
fonde quelque chose ; le mal est stérile. » Messieurs, celui-là peut être écouté avec confiance

qui prêche la volonté de vivre et d'agir, le devoir de la tolérance, la tendance à la perfection intellectuelle et la loi de vérité et d'amour.

Et celui-là doit être salué avec respect s'il a su, comme Renan, faire de sa vie entière un exemple de ses idées. L'unité de son œuvre est égalée par l'unité de son existence. On a demandé où était la certitude de sa doctrine : elle est dans sa belle vie, que, pour obéir à sa conscience, il a deux fois brisée. A vingt-trois ans, le jour où il sentit la raison triompher en lui de la foi, il avait quitté Saint-Sulpice, sa chère maison, et l'avenir assuré ; plus tard, avec la même tristesse et la même résolution, il abandonna le Collège de France, qui semblait la demeure nécessaire de son esprit, plutôt que d'incliner son enseignement devant une autorité extérieure. Malgré les lourdes charges de famille, dans l'incertitude du lendemain, il se remit à son travail solitaire, sans hésitation, sans bruit, avec toute-sa souriante sérénité.

Messieurs, le voici mort, mort fidèle à lui-même, dans ce Collège de France qu'il appelait « une institution laïque et indépendante... un établissement dont la loi fondamentale est la liberté ».

Il a été l'un des plus puissants ouvriers de la révolution philosophique qui fera du xix⁰ siècle une des grandes époques de l'histoire des idées

Dans cette crise il a réuni les qualités les plus diverses : la science profonde, la haute moralité et le don de créer la beauté. Il a eu, suivant son mot à l'Académie, « l'amour de la vérité, le génie qui la trouve et l'art savant qui la fait valoir ». De là l'extraordinaire éclat et l'influence de son œuvre : il a certainement changé quelque chose dans l'état de conscience de l'humanité.

Messieurs, vous vous rappelez tous les admirables paroles que Renan prononçait, à Tréguier, il y a quelques années, en songeant à l'heure où nous sommes : « Ce que j'ai toujours eu, c'est l'amour de la vérité. Je veux qu'on mette sur ma tombe : *Veritatem delixi*. Oui, j'ai aimé la vérité, je l'ai cherchée, je l'ai suivie où elle m'a appelé sans regarder aux durs sacrifices qu'elle m'imposait. J'ai déchiré les liens les plus chers pour lui obéir. Je suis sûr d'avoir bien fait. » Messieurs, c'est parce qu'il a aimé la vérité de cet amour sans partage et sans faiblesse que nous l'honorons aujourd'hui.

« La vie de l'homme est courte, mais la mémoire des hommes est éternelle. C'est dans cette mémoire qu'on vit réellement. » La vie qu'il appelait la vie véritable commence aujourd'hui pour Renan. Puisse-t-il demain la vivre glorieusement, à quelques pas d'ici, au sommet de la montagne de la science, dans ce temple

où la République veut que dorment côte à
côte, entourés de la même reconnaissance,
ceux qui ont défendu l'indépendance de la
patrie française et ceux qui ont servi la liberté
de l'esprit humain.

L'ÉDUCATION

DANS

L'ENSEIGNEMENT SECONDAIRE

LE JEUNE FRANÇAIS DE L'AVENIR[1]

Messieurs,

Dans le beau discours que vous venez d'applaudir[2], et que vous avez eu raison d'applaudir, parce qu'à chaque page y étaient éloquemment exprimées les généreuses inquiétudes d'un maître véritable, aimant la jeunesse et soucieux de ses devoirs envers elle, j'ai particulièrement remarqué et j'ai retenu cette parole : « Le corps des maîtres de l'enfance renferme en soi une force immense. Que ne ferait-il pas si on pouvait lui donner une âme?... Et cette âme, qu'est-ce donc autre chose qu'une doctrine commune?... »

Vous ne parliez, Monsieur, en exprimant ce

1. Discours prononcé à la distribution des prix du Concours général, le 4 août 1890.
2. Discours de M. Darlu.

vœu, que de la nécessité d'une doctrine morale.

Permettez-moi de reprendre votre pensée, de l'élargir et de lui donner toute sa portée. Ce n'est pas seulement dans l'enseignement de la morale, c'est dans tous les ordres de l'enseignement ; ce n'est pas seulement sur les questions qui touchent à la direction de la conscience de ces jeunes gens, c'est sur toutes celles d'où dépend la formation de leur esprit qu'il doit exister une doctrine commune à tous les maîtres de notre université. On a dit que ce qui faisait une patrie entre les hommes, ce n'était pas l'unité des origines, de la langue, des frontières et des lois, mais seulement l'unité des sentiments et des volontés. De même, il ne peut y avoir dans un pays un véritable enseignement public, une université nationale, que s'il existe entre les maîtres de cet enseignement, entre les membres de cette université, une doctrine, acceptée et reconnue, du but de l'éducation, de son esprit et de ses méthodes, en un mot, une pédagogie commune.

Messieurs, la nécessité de cette doctrine pédagogique a été vivement ressentie par l'Université depuis vingt années. Depuis 1880 notamment, le Conseil supérieur de l'Instruction publique, à travers mille difficultés, n'a cessé de travailler à la dégager.

On lui a reproché d'avoir semblé hésiter quelquefois sur la route à suivre. On a dit qu'il avait trop fréquemment repris et remis à l'étude les mêmes réformes.

J'ai déjà eu l'occasion de montrer combien ces critiques étaient excessives et comment, si l'on regardait d'assez haut pour embrasser l'ensemble, on reconnaissait aisément que si quelques détails pouvaient être incertains, les lignes générales du plan des réformes poursuivies avaient été, dès le début, tracées d'un esprit clair et d'une main ferme. Si vous voulez bien lire, Messieurs, la lettre et les instructions sur les réformes de 1890, que j'ai tenu à faire parvenir personnellement à chacun de vous, vous apercevrez, je l'espère, combien de parties, et des plus importantes, du système de notre éducation publique sont désormais arrêtées et exactement mises au point.

Il reste certainement encore à faire, et, dans les conditions de complexité du problème, en pourrait-il être autrement? Au siècle dernier ce problème de l'éducation publique était simple. L'instruction était le privilège d'un petit nombre. Il s'agissait pour les jeunes gens de venir occuper une place désignée à l'avance dans une société régulière et comme immobile, où l'on apprécierait surtout la justesse de leur esprit, la délicatesse de leur goût, la convenance et le poli de leurs manières. On était peu nombreux, on avait du loisir, et surtout l'étendue des connaissances était limitée.

Aujourd'hui, l'état démocratique est la loi définitive de la nation. L'instruction primaire est donnée à tous, et cent mille jeunes gens réclament, dans les établissements publics privés, l'enseignement secondaire. Les sciences ont en même temps renouvelé non seulement l'aspect matériel, mais l'interprétation du monde. Dans tous les ordres du savoir, des faits innombrables ont été observés, des lois découvertes, des théories formulées. Le lac tranquille où se reflétaient clairement les lignes du paysage qui semblait la limite même du domaine de l'homme a disparu : c'est maintenant la mer, où de toutes parts se heurtent les courants et qui semble sans rivage. Il nous y faut guider, pourtant, et mener avec nous cette jeunesse au port.

Au début de toute éducation, le maître a un premier devoir. Il doit considérer l'enfant, le jeune homme qui lui est confié, et se représenter nettement l'homme qu'il en veut faire. Le but une fois déterminé, il pourra facilement choisir les connaissances à donner, les facultés à exercer, les tendances à développer ou à contenir : tout s'ordonnera nécessairement, presque sans effort. Si ce devoir s'impose à tout homme qui veut entreprendre l'éducation d'un enfant, combien plus impérieux n'est-il pas pour ceux qui ont reçu le mandat de l'éducation publique, qui ont charge d'âmes envers la patrie !

· Messieurs, cette question s'impose à nous : Quels hommes voulons nous faire de ces jeunes gens ?

Mes chers amis, nous voulons d'abord que vous soyez des hommes de corps sain, d'esprit juste et libre, d'instruction solide, de goût sûr, de conscience droite, de volonté forte.

Nous voulons aussi et passionnément, que vous soyez des hommes de votre pays et de votre temps.

C'est sur ce dernier point que je voudrais insister.

A toute époque, les maîtres de la jeunesse ont cherché à réunir en elle, outre ces conditions d'éducation générales, éternelles pour ainsi dire, sans lesquelles il n'existe pas d'hommes dignes de ce nom, des conditions particulières de développement intellectuel et moral qui répondent aux besoins, aux vues, à l'idéal de la société de leur temps. Nous avons, nous aussi, un idéal très net et très élevé à la fois de l'homme de notre temps. Quelles connaissances doit-il acquérir ? à quelle méthode intellectuelle doit-il se former ?

A la première de ces questions, quelques-uns seraient tentés de répondre : Pour être vraiment de son temps, il faudra que l'enfant apprenne et sache tout ce qu'on sait de son temps sur la nature et sur l'homme.

Mais une pareille tâche est désormais impossible. L'ensemble des connaissances humaines est devenu si vaste qu'aucun cerveau ne peut les contenir, aucun enseignement ne suffit à les donner.

L'éducation est un art, et la première règle de tout art est de savoir choisir. Il faudra donc choisir pour les objets de notre enseignement les connaissances vraiment nécessaires à ces jeunes gens, celles qui les prépareront le plus fortement et devront les adapter avec le plus de justesse aux conditions de la vie intellectuelle et morale dans la société moderne.

C'est ce que vous avez compris, Messieurs, lorsque vous avez consenti, non sans bien des regrets, à sacrifier certaines parties, certains exercices des vieilles études, à abandonner certains coins bien-aimés de la culture littéraire.

Et c'est ce qui nous a déterminé nous-même à prendre en mains la constitution définitive d'un enseignement moderne, où les langues vivantes prendront la place qu'elles n'ont pu suffisamment se faire dans l'enseignement classique ancien, et qui, par un retour heureux, rendra à celui-ci, en faveur d'une clientèle d'élite, la liberté naturelle de son développement.

Messieurs, on a parlé à ce sujet d'enseignement utilitaire. Nous tenons à affirmer très haut que ce n'est pas à celui-là que nous pensons. C'est d'un enseignement classique qu'il s'agit, et nous entendons ne le détourner en rien du but de toute éducation classique, qui est la formation de l'intelligence et du caractère. Nous n'entendons nullement lui donner une destination professionnelle, et s'il nous arrivait d'en marquer l'utilité, l'utilité dont il s'agirait serait la plus haute et la plus noble, l'utilité morale, civique et sociale.

Ne l'oublions pas, l'homme que nous avons à former n'est pas un homme abstrait. A la patrie qui nous a confié un enfant nous devons un homme capable de la servir, de la défendre, de la diriger au besoin, peut-être de l'illustrer. Il faut qu'il ait pris ici conscience de cet avenir et qu'il ait reçu de nous la préparation nécessaire pour y suffire.

Dans les rudes batailles de la liberté, l'homme moderne a peu de loisir. C'est un soldat toujours au danger. Nous souhaitons ardemment qu'il ait dans son sac le livre du poète et qu'il y puisse trouver aux heures difficiles la douceur des consolations ou la flamme des enthousiasmes. Mais nous devons veiller à ce qu'il ait d'abord et toujours tous ses vivres et toutes ses armes.

Mais, Messieurs, il ne suffit pas, pour définir une éducation, de dresser le programme des matières à enseigner. Ce qui caractérise une pédagogie, c'est l'esprit dans lequel ces matières seront enseignées, ou mieux encore la méthode intellectuelle qu'à l'occasion de chacune d'elles le maître cherchera à donner à ses élèves.

A chaque époque de l'histoire correspond une conception du monde, une philosophie ; à chaque philosophie, on peut dire de même que correspond une pédagogie.

L'éducation du moyen âge a été purement dialectique. C'est le règne de la *Logique* d'Aristote. Le terme de la préparation intellectuelle, c'est « la dispute », « l'argumentation ».

La pédagogie du xvi° siècle a compris le danger de cette stérilité et voulu remplir enfin de réalité ces formes vides de la connaissance ; mais éblouie par les trésors des lettres grecques renaissantes, elle y a cherché et cru trouver tous les matériaux nécessaires, et, malgré les admirables tentatives de Montaigne et de Rabelais, elle a en somme tout donné à l'érudition.

Puis Descartes est venu, qui a mis là, comme sur toutes choses, l'empreinte souveraine de sa méthode. Un ordre admirable est établi, mais dans une seule province de l'esprit. Le lien des idées fait oublier le lien des faits :

l'observation du moi intérieur est le but unique de tout effort intellectuel et de toute éducation.

Enfin les sciences physiques renaissent à leur tour. Le xviiie siècle s'achève, et dans le même temps où la révolution politique qui doit changer la notion du droit humain se prépare et s'accomplit, les yeux de l'homme semblent s'ouvrir sur le monde extérieur, et le goût de la nature renouvelle l'art et les lettres comme l'observation de la nature renouvelle la science. L'expérience étend ses conquêtes sur le monde des faits et l'induction devient la souveraine des esprits.

Il semble que l'on puisse résumer en quatre mots ces périodes successives de la pédagogie française : les formes, les textes, les idées et les faits.

Messieurs, notre pédagogie sera nécessairement plus large. Rien de ce passé ne lui est ni étranger ni inutile. Un grand philosophe français définissait ainsi, il y a quelques jours à peine, le but de notre enseignement : « Il doit transporter l'évolution humaine en ce qu'elle a de meilleur dans l'esprit de l'individu. » Tous les états philosophiques dont nous avons rappelé la succession ont préparé l'esprit de l'humanité moderne; tous les procédés de culture ont eu de même leur utilité partielle, et notre tâche doit être de reconnaître et de conserver ce que chacun d'eux peut avoir encore de profitable pour la formation et le développement d'un esprit contemporain.

Là est véritablement à nos yeux le lien des diverses études. Chacune d'elles est moins précieuse par les notions qu'elle donne, par les connaissances qu'elle permet d'enregistrer, que par les opérations mentales qu'elle nécessite, par l'exercice qu'elle exige de telle ou telle faculté, par les habitudes qu'elle imprime au cerveau et par le rôle qu'elle joue ainsi dans la constitution définitive de l'esprit.

Je n'en prendrai que deux exemples, choisis pour ainsi dire aux deux extrémités de nos programmes : la grammaire et les sciences expérimentales.

La grammaire est au nombre de ces exercices formels où s'est complu l'enseignement pendant de longs siècles. Peut-on songer pourtant à en méconnaître, non pas même l'utilité particulière pour l'apprentissage de telle ou telle langue, mais l'utilité générale? L'étude en restera toujours nécessaire et féconde si l'on y cherche, non les curiosités et les arguties, mais l'analyse élémentaire des procédés du raisonnement et, suivant le mot de Stuart Mill, « les moyens de faire correspondre les formes du langage aux formes universelles de la pensée ».

La place prise dans le monde par les sciences expérimentales est immense, et la querelle des sciences et des lettres remplit notre siècle. On a cherché à faire entrer toutes les sciences dans le cadre de l'enseignement secondaire. Mais on a peut-être trop cherché dans l'enseignement de ces sciences l'enregistrement des notions qu'elles contiennent et non le profit que l'intelligence peut retirer de leurs procédés particuliers de recherche et de démonstration.

Quant aux notions mêmes, j'ai dit plus haut comment leur nombre chaque jour croissant obligeait à choisir parmi elles ; ce sont leurs lois fondamentales et leurs résultats généraux qui seuls doivent être soigneusement appris et soigneusement retenus. Mais l'énumération infinie de tous les genres et de toutes les espèces de plantes, la nomenclature détaillée de tous les composés chimiques et de leurs équivalents, peuvent-elles être véritablement profitables à qui n'aura plus, l'année finie, l'occasion de les retrouver ?

Ce qui est non seulement utile, mais essentiel pour la formation de l'esprit, c'est la connaissance de la méthode de ces sciences, de leurs procédés rigoureux d'observation et d'expérience ; c'est la connaissance et la pratique des lois de l'induction.

On a dit que la grande affaire de la vie humaine était de discerner la vérité. Tous les jours, à toute heure, dans la vie privée et dans la vie publique, nous formons des jugements ; les mathématiques, la grammaire, les exercices de composition littéraire, nous ont en somme appris à analyser une idée, à en déduire les conséquences, et la clarté, la sûreté de notre logique déductive est une des gloires de notre esprit français. Mais, en revanche, avons-nous suffisamment étudié la logique de l'observation et de l'expérience ? Ne sommes-nous pas trop souvent inattentifs dans la vérification des faits, hâtifs dans la généralisation, prêts à accepter trop facilement comme une prémisse certaine ce qui n'est qu'une hypothèse, une vue sans réalité ?

C'est cette critique des éléments premiers de toute vérité que les sciences expérimentales exigent et enseignent, c'est cette discipline que leur étude peut donner, et c'est dans ce sens et pour ce profit que nous voulons les voir garder leur place dans nos programmes, certains qu'ainsi dirigée leur culture exigerait moins de temps, coûterait moins de peine et donnerait plus de résultats.

Messieurs, il serait facile de multiplier les

exemples. Mais il faut se borner. J'ai seulement
voulu indiquer les principes pédagogiques
grâce auxquels, il me semble, pourraient se
réaliser dans notre enseignement secondaire,
sans dommage pour la culture supérieure qui
est le but, l'allégement des programmes et
l'exacte adaptation des méthodes aux besoins
de notre société. C'est autour de ces idées que
je souhaiterais de voir se former cette doctrine
commune qui doit être l'âme vivante et agissante de notre chère Université.

Et s'il en était ainsi, je répondrais avec certitude à la question que j'ai posée tout à
l'heure : Quels hommes voulons-nous faire de
ces jeunes gens ? Et, pour mieux dire encore,
quelle France voulons-nous que soit la France
de demain ?

Je vois très nettement se dessiner à mes
yeux ce que devra être, ce que sera, j'espère,
le jeune Français de demain, le citoyen de
notre République aux premiers jours du siècle
qui va s'ouvrir.

Il est agile et vigoureux; il est habitué aux
règles d'une simple et saine hygiène; il a subi
les entraînements qui donnent la souplesse et
la force ; il a le corps droit, le front haut, le
regard franc; il entre dans la vie avec modestie
et avec confiance, comme il sied aux jeunes
athlètes bien préparés à tous les combats. Il a

les yeux ouverts sur l'espace qui entoure le
point du monde où l'a placé sa naissance et
sur le temps qui l'a précédé. Il sait les lois
générales des nombres et des figures; il sait
que ce sont les forces physiques : la pesanteur,
la lumière, le son, l'électricité, la chaleur, et
il sait qu'elles ne sont peut-être que les diverses apparences d'un mouvement unique et
qu'elles obéissent toutes à des lois semblables
dont un certain nombre d'exemples ont suffi à
lui montrer l'éternelle fixité. Il connaît aussi
par quelques exemples ce que connaît son
temps sur la constitution de la matière, sur les
affinités des corps, sur les combinaisons mul-
tiples et cependant déterminées des éléments
simples de ces innombrables corps composés
dont la trame continue forme tout ce que dé-
couvrent ses yeux, comme il en est formé lui-
même; on a soulevé pour lui un coin du
voile de la nature vivante; il sait les conditions
générales de l'échange incessant par lequel les
corps vivants, et le sien même, se forment, s'ac-
croissent et se dissolvent. Il sait enfin comment
dans cette race supérieure à laquelle il appartient, s'est développée et règne souverainement
la pensée, terme dernier et point de conscience
de cette longue évolution; il a appris ce qu'avait
fait sur cette terre, depuis les quelques mil-
liers d'années qu'elle y a pris notion de sa

grandeur, cette race humaine dont il est le
tardif représentant, et, dans cette humanité, il
sait surtout ce qu'ont pensé, ce qu'ont écrit, ce
qu'ont révélé et ce qu'ont fait les ancêtres les
plus directs de son esprit : la Grèce, mère de
la liberté civile, de la philosophie et de la
beauté ; Rome, dont la main puissante a pétri
et mêlé toutes les forces du monde antique
pour en forger le métal de Corinthe de l'homme
nouveau ; l'Europe barbare et l'Europe chrétienne, versant l'une dans le corps de cet
homme un sang violent et neuf, l'autre dans
son cœur le sentiment nouveau de la pitié ;
puis la Réforme et la Renaissance l'éveillant
pour ainsi dire de la longue nuit du passé, et
lui mettant au front comme une aurore le
rayon de la liberté de penser ; la France moderne, de Descartes à Voltaire, achevant dans
une langue d'une force et d'une précision définitives l'affranchissement de son esprit et
faisant enfin, dans l'explosion de 1789, tomber
autour de lui les dernières entraves et le
dressant, au milieu du monde, dans la hau-
teur de ses droits et dans le rayonnement de
toutes ses libertés. Il sait tout cela, et il
éprouve un sentiment profond de fierté et de
reconnaissance en pensant que cet homme
nouveau, dont il a fallu tant de siècles et tant
d'épreuves pour préparer l'avènement, c'est

lui-même ; il comprend la grandeur du dépôt sacré qui lui est confié, il jure de n'en rien laisser perdre et de n'en rien renier, de le livrer intact à ses enfants et de faire qu'à leur tour ceux-ci puissent, comme lui, se dire fils respectueux et reconnaissants de la philosophie et de la science modernes et libres citoyens de la France républicaine.

AYEZ UN IDÉAL[1]

LES DEVOIRS DU JEUNE CITOYEN
DE LA DÉMOCRATIE FRANÇAISE

Messieurs,

En applaudissant, avec vous tous, les beaux
vers[2] que nous venons d'entendre, je goûtais
un plaisir particulier. Vous êtes, en effet, mon
cher poète, un maître ès lettres... modernes, et
je vous étais reconnaissant des suffrages que
vous donnaient vos maîtres et vos collègues : en
les obtenant pour vous-même, en effet, vous les
obteniez pour l'ordre d'études que vous représentez, et les applaudissements dont retentissait
cette grande salle de la Sorbonne reconstruite
me semblaient l'éclatante bienvenue de l'Université tout entière au jeune enseignement qui
prend aujourd'hui séance avec vous.

1. Discours prononcé à la distribution des prix du Concours
général en 1896.
2. De M. Fabié.

Par le sujet que vous avez choisi vous avez voulu, je pense, répondre à certaines préoccupations de vos aînés. L'an dernier, à cette même place, en faisant connaître l'esprit de l'enseignement moderne que nous préparions, j'en affirmais le caractère classique, je protestais contre cette idée, qu'il dût être un enseignement utilitaire. Vous avez tenu à ce que les premières paroles publiques prononcées en son nom fussent la confirmation de ses tendances élevées. De toutes les œuvres de l'intelligence humaine vous avez choisi, pour en faire l'éloge, la plus noble et la plus désintéressée : vous avez dit les droits et les bienfaits de la poésie ; vous l'avez montrée également bonne aux faibles dans la souffrance et aux forts dans l'action ; vous avez revendiqué pour elle une place toujours plus grande dans les sociétés modernes, où les conquêtes de la science, loin de restreindre son domaine, l'élèvent sans cesse et l'élargissent, et votre dernière parole a été pour adresser à ces jeunes gens, qui l'ont entendu et compris, ce conseil qui sera vrai tant que le rayon de la pensée illuminera un front humain :

Ayez contre la vie, à certains jours méchante,
L'idéal qui sourit.....

Mes chers amis,

Votre maître a raison : « Ayez un idéal. » Ce conseil, c'est l'Université tout entière qui vous le donne ; ce vœu, c'est nous tous qui le formons pour vous. Et ne croyez pas qu'en vous parlant ainsi avec le poète, je vous parle moi-même, comme on dit, « en poète ». Il ne s'agit pas ici de rêverie, et nous n'entendons pas vous détourner des réalités et vous décourager de l'action. Vivre, pour nous, c'est précisément agir, et nous pensons que l'homme le plus digne du nom d'homme est celui qui unit à la sensibilité la plus délicate et à l'intelligence la plus haute, la volonté la plus forte, et l'activité la plus étendue.

Nous croyons donc bien vous donner un conseil viril en vous disant : Ayez un idéal.

Avoir un idéal, c'est en effet avoir un but supérieur à l'action de chaque jour ; c'est être, quoi qu'on fasse, supérieur à ce que l'on fait.

Pour le plus rude, le plus inculte travailleur, c'est avoir dans l'esprit — chose bien modeste et bien grande — la vue de la journée à remplir avec conscience, de la tâche à acquitter avec la loyauté : pour l'artiste, c'est porter en soi le chef-d'œuvre rêvé dont chaque œuvre faite ou tentée le rapproche ; pour l'homme public, c'est concevoir et appeler de ses vœux cet état de la société où régneront la justice et la paix, et dont chacune de ses épreuves, chacun de ses sacrifices, est la douloureuse et nécessaire préparation? pour le patriote... ah! mes amis, ai-je besoin de vous dire ce que c'est que son idéal?

Un idéal, ce n'est pas seulement, au milieu de l'atmosphère étouffante de l'égoïsme des hommes, un souffle d'air pur qui ranime et vivifie; au-dessus des obscurités et des doutes de l'existence quotidienne, une lumière qui guide et qui sauve; c'est quelque chose de plus que tout cela et que je voudrais dire d'un seul mot : avoir un idéal, voyez-vous, c'est avoir une raison de vivre.

Messieurs, nous préparons cette jeunesse non pour telle ou telle carrière, mais pour la vie. Si donner à l'homme un idéal, c'est donner une orientation à toute son existence, une raison et un ressort à tous ses actes, nous reconnaissons là le but dernier de l'éducation, le devoir le plus haut du maître.

C'est bien cette pensée qui, l'année dernière, animait l'orateur qui revendiquait ici pour l'Université le droit de former non seulement les esprits, mais les consciences. Ce droit, je ne crois pas avoir besoin de l'affirmer de nouveau. L'éducation est, à nos yeux, inséparable de l'instruction. De l'enfant qui nous est confié nous devons faire un homme, un homme complet, n'ayant pas seulement le corps bien portant et l'esprit bien fait, mais ayant aussi la conscience bien faite et bien portante, c'est-à-dire ayant appris à connaître tous ses devoirs, ayant réfléchi sur leur fondement et sur leur nécessité et s'étant préparé à les remplir. L'histoire d'une vie humaine, c'est l'histoire de la lutte d'un être vivant, pensant et conscient, contre la souffrance physique, contre l'erreur et contre le mal moral. Le jeune homme qui sort de nos mains doit être également prêt pour ce triple combat.

Jamais plus qu'en ces dernières années l'Université ne s'est préoccupée de cette partie essentielle de sa tâche. Dans toutes les réformes poursuivies depuis 1880 touchant la discipline des travaux et des jeux, les relations des maîtres et des élèves, la nature des peines et des récompenses, apparaît la préoccupation constante du développement propre de l'éducation.

Mais cette tâche est-elle terminée, et n'est-ce pas surtout en ce domaine qu'on a le droit de dire qu'il y a toujours quelque chose à faire ?

Messieurs, il y a un an j'essayais de vous montrer combien il est nécessaire à l'Université d'avoir une pensée commune pour la formation de l'intelligence de la jeunesse français. Combien plus nécessaire encore est cette unité de doctrine dans l'œuvre de l'éducation morale, si l'Université veut répondre à son objet véritable, si elle veut être ce que le pays lui demande d'être, le foyer où viennent se concentrer tous les mouvements de la conscience nationale, pour se réfléchir sur chaque génération nouvelle et donner ainsi l'impulsion et la vie à la conscience de chacun de ces enfants.

Quand je parle de cette unité de doctrine, ai-je besoin d'ajouter qu'il ne s'agit point d'imposer aux esprits un système philosophique et de promulguer un dogme métaphysique sur la nature du bien et du mal ? L'Université républicaine respecte toutes les croyances et donne l'exemple de la tolérance à ses adversaires les plus intolérants. Mais quelque opinion que l'on professe sur les problèmes éternellement posés à l'esprit limité de l'homme, l'idée du bien existe, et comme l'a dit un grand philosophe français, cette idée est un fait, et ce fait est une force. Et, depuis que les hommes sont en société, cette force n'a cessé d'agir sur le monde pour apaiser la violence, abaisser les inégalités, substituer la justice à l'arbitraire, la liberté à la contrainte, la solidarité à l'hostilité, élargissant sans cesse la sphère des devoirs de chacun des être conscients vis-à-vis de tous, et, malgré les retours en arrière, malgré les défaites partielles de la vérité et du droit, malgré les apothéoses passagères de la force, rapprochant chaque jour l'humanité d'un état supérieur de paix, d'équilibre et de réconciliation.

C'est l'étude expérimentale, pour ainsi dire, du développement et des effets de cette idée du bien dans l'histoire des hommes qui peut servir de point de départ à cet enseignement de la morale, de fondement à cette doctrine commune que nous appelons de nos vœux. La science ne sait rien de la substance des choses, elle ne connaît et ne peut définir ni la nature de la matière, ni la nature de l'esprit ; elle donne un nom à la substance et à la force, mais ce nom n'exprime pas une réalité : il est comme la borne marquée par elle au domaine de la connaissance, le point d'où elle se résigne à partir pour ses recherches. Et la science n'en est pas cependant moins puissante et moins féconde, lorsque de cette substance et de cette force inconnues elle étudie les manifestations et les effets, lorsqu'elle détermine les conditions constantes de leurs modifications et de leurs échanges, et lorsque du spectacle de ces innombrables apparences, qui semblaient insaisissables, elle dégage pour notre pensée des lois simples qui ont la précision rigoureuse du nombre et dont chaque jour qui se lève vient confirmer l'évidence.

Il en est de cette force, que nous nommons l'idée du bien, comme de la pensée, de la lumière ou du mouvement. Quelque opinion que nos croyances personnelles nous donnent de sa nature et de son essence, les lois de son action peuvent être par nous étudiées et reconnues, et l'histoire de l'humanité tout entière, de ses tristesses et de ses joies, de ses douleurs et de ses espérances, offre pour cette étude un champ d'observations assez vaste et assez riche à notre conscience et à notre raison. Il y a donc bien une « science » de la morale et, comme l'affirmait avec éloquence dans une récente discussion l'un des maîtres les plus respectés de cette Sorbonne, c'est cette science dont l'enseignement doit prendre une place chaque jour plus grande dans le cercle de nos études et pénétrer, pour ainsi dire, toutes les autres parties de notre enseignement.

On a dit de la science morale qu'elle est l'exposé défini des formes de conduite adaptées à un état de société, de telle sorte que la vie de chacun et que la vie de tous puisse être aussi libre, aussi active, aussi complète que possible. Je ne veux point rechercher ici le bien fondé de cette formule ni si, comme l'a dit notre regretté Guyau, « les lois supérieures de la morale sont identiques aux lois les plus profondes de la vie même ».

Je ne retiens de cette définition qu'un point, qui montre bien pourquoi une telle science fait partie intégrante de tout système d'enseignement public. Ce qu'elle doit rechercher et faire connaître, ce sont les formes de conduite « adaptées à un état de société déterminé »; c'est donc, mes chers amis, au point précis du développement de la civilisation où vous place votre naissance, l'ensemble des règles qui s'imposent à vous envers votre temps et votre pays, envers ce présent que nous allons vous léguer, envers cet avenir dont vous allez être à votre tour les créateurs. Est-il rien qui soit plus nécessaire et n'aurions-nous pas laissé quelque chose à faire si, demain, livrés à vous-mêmes, dans les épreuves de cette liberté de la vie que vous attendez comme un allégement et qui est, au contraire, le plus lourd des fardeaux, vous n'aviez pas pour vous guider des règles de jugement et d'action claires et précises, dont votre esprit ait accepté la vérité, dont votre conscience ait subi la force et dont la violation soit pour votre être moral une blessure, comme l'est pour votre corps le choc d'une arme ou pour votre esprit le propos d'un être privé de raison?

Vous êtes Français et vous allez être citoyens d'une démocratie républicaine. Quels devoirs vont être les vôtres? Je ne crois pas qu'à aucun moment de l'histoire il y en ait eu de plus nobles que ceux que nous, vos pères, nous nous efforçons de remplir et que nous vous demandons de remplir avec nous et après nous. Être citoyens d'un pays libre et avoir la pleine responsabilité de ses actes; être les fils d'une patrie glorieuse et vaincue, travailler à lui rendre sa grandeur et son rang dans le monde; être les fils d'une patrie qui est la France et, en combattant pour elle, combattre pour la raison et pour l'humanité!

J'ai parlé de patrie et d'humanité! Je sais que, dans ce siècle, certains esprits se sont proposé de subordonner l'une à l'autre et qu'avec sa générosité naturelle la France s'est faite plus d'une fois l'apôtre de la fraternité des nations. Quelques-uns ont cru pouvoir dire que le patriotisme était une « inconséquence philosophique, une faiblesse intellectuelle qu'excuserait seulement une raison de sentiment ». Ne vous excusez pas de votre patriotisme; dites bien haut qu'il est fondé sur la plus solide raison et que, pour servir la cause de l'humanité, le plus sûr est de défendre le pays qui a le premier reconnu et proclamé les droits de l'homme.

Tout homme doit aimer sa patrie, et c'est une des plus douces que la nôtre et des mieux faites pour être aimée, et tout homme doit l'aimer plus encore lorsqu'elle est malheureuse, et la nôtre n'est pas consolée.

On nous a souvent raillés de notre orgueil national : dans la défaite, l'orgueil devient un devoir.

On nous a accusés, on nous accuse encore quelquefois d'être menaçants pour la paix du monde, et l'on cherche à justifier par cette crainte les charges écrasantes qui pèsent sur les nations. Lorsque vous entendrez ces reproches, répondez hautement : la France ne demande qu'à vivre en paix avec tous les peuples; elle estime que l'état d'armement universel où vit notre temps est contraire à toutes ses idées, à tous ses désirs; elle dit bien haut que l'immobilisation de tant de capitaux, de tant de forces humaines dans une même tâche improductive est contraire au développement de la prospérité générale; elle dit encore que cette situation est, par ses nécessités inéluctables de subordination passive de toutes les volontés à la volonté d'un seul, contraire au génie de toutes ses institutions politiques; elle souhaite ardemment, passionnément la paix, mais elle a le souci de sa dignité et de son honneur; elle a la conscience de sa grandeur historique, elle sait le rôle nécessaire que son passé assure à son avenir et considère comme un devoir de n'y jamais renoncer, mais elle ne menace personne, et la force dont elle est fière, elle entend ne la mettre au service que d'une seule cause, la cause du droit.

La France représente le droit. Elle représente plus encore. Les groupements des nations sont les étapes de l'histoire : mais ces étapes sont nécessaires et chacune de ces nations est un des facteurs de l'évolution humaine. Quel pays a plus fait que le nôtre pour hâter cette marche en avant? J'ai dit tout à l'heure qu'un homme n'était pas un homme, s'il n'avait un idéal. Les peuples n'existent, eux aussi, ils ne cessent d'être des foules assemblées; ils ne se connaissent vraiment une patrie qu'à la même condition d'avoir une conscience commune, éprise d'un même idéal. La France a le sien, et l'un de vos maîtres a eu raison de dire que nous pouvions l'aimer « d'un amour philosophique », puisque cet idéal se confond avec l'idéal même du progrès humain.

Aussi, pour être les serviteurs fidèles de cette patrie, pour être dignes de ceux qui vous l'ont faite aussi noble et aussi humaine, il faudra non seulement la défendre au jour des périls extérieurs, mais encore la servir au dedans chaque jour, en contribuant au développement de ses institutions libres, en travaillant sans cesse à mettre entre ses enfants plus de paix, plus de justice, plus de fraternelle solidarité. Ce devoirlà, croyez-le bien, est encore un devoir de patriotisme.

Vous allez être demain, dans ce pays, les privilégiés de l'intelligence et du savoir, et beaucoup d'entre vous les privilégiés de la fortune. Rappelez-vous que, comme je l'ai dit déjà à vos aînés, les étudiants de nos universités, de tous ces biens vous n'êtes vraiment que les dépositaires.

L'homme n'est rien sans la société. Qui de vous saurait ce qu'il sait, si des myriades d'hommes n'avaient travaillé, souffert pour conquérir, parcelle par parcelle, cette science qui vous est aujourd'hui si libéralement et si facilement donnée? Que de sacrifices éclatants ou inconnus représente la moindre de ces découvertes qui, de la vie rude, grossière et périlleuse des races anciennes, ont fait naître cette civilisation merveilleuse qui subordonne les forces de la nature, à vos besoins, à vos volontés, souvent à votre fantaisie!

Et n'oubliez jamais que ceux qui ont créé ce trésor ne l'ont pas créé pour quelques-uns mais pour tous, et qu'il est autour de vous bien des hommes, fils cependant des mêmes ancêtres, pour qui la vie misérable de ces ancêtres est encore aujourd'hui la seule part du patrimoine commun.

N'ayez donc pas l'orgueil de votre science.

Ayez-en plutôt l'humilité : car plus elle est grande et plus est grande votre dette, puisqu'il vous faut rendre à cette humanité, qui continue son labeur autour de vous, l'intérêt de ce capital qu'elle a lentement amassé pour vous, et qu'elle vous livre sans compter.

N'ayez pas surtout cette sorte d'infatuation de l'intelligence qui porte l'homme de savoir et de talent à croire qu'il ne doit rien qu'à lui-même, qu'il est devenu un être d'une race supérieure.

N'entrez jamais dans ces petites chapelles où se célèbre en somme le seul culte du moi : c'est une religion peu envahissante, j'en conviens, puisqu'on en est à la fois le dieu, le prêtre et l'unique fidèle, mais elle est fatale à qui s'y abandonne ; car c'est le culte de l'égoïsme, c'est-à-dire de l'inutilité et de l'impuissance.

Non, l'homme n'a le droit de se vanter ni de son intelligence ni de son savoir : il les a hérités de ses ancêtres et de son éducation ; son orgueil légitime doit se mesurer, non à ce qu'il a appris, mais à ce qu'il a fait. L'homme, comme tous les êtres, est un effet et une cause. A quoi bon l'arbre couvert des fleurs les plus magnifiques, si de toutes ces fleurs il ne peut former un seul fruit? car c'est dans ce fruit que sera la semence pour laquelle la terre l'a nourri.

Mes chers amis,

L'idéal que doit avoir un citoyen de notre libre démocratie française est un idéal d'activité généreuse et féconde. La règle à laquelle se ramènent toutes les autres est bien simple: Vivez en mettant hors de vous-mêmes le but supérieur de votre vie. L'homme doit développer en soi toutes les forces de son corps, de son intelligence et de sa volonté, vivre de l'activité la plus intense et, suivant la loi de tous les êtres, s'efforcer d'accroître la quantité de vie qui lui a été léguée. Mais ce surplus d'énergie, c'est pour les moins favorisés que nous l'acquérons, c'est pour eux que nous devons le dépenser, et c'est cette partie de nous-mêmes que nous avons ainsi donnée aux autres, à ceux qui nous aiment, à nos enfants, à notre famille, à notre cité, à notre patrie, à la société tout entière, qui est la mesure de notre mérite et, lorsque vient la mort, le poids laissé par nous dans le plateau.

Les conquérants remplissent le monde du fracas de leurs armes: leurs noms sont pendant quelques siècles conservés par la mémoire des hommes, objet à la fois d'admiration et d'horreur; puis vient l'oubli. Il est une immortalité plus modeste et cependant plus certaine et plus haute, et vous pouvez y atteindre sans génie : soyez utiles. Rien ne se perd, vous le savez, et la vibration du moindre atome communiquant son mouvement à l'atome voisin se répercute à l'infini. Le moindre des actes de justice et de bonté ajoute de même quelque chose au mouvement du progrès humain. Que votre vie soit un effort joint à l'effort de tous. Si limitées qu'aient été vos forces, si faible qu'ait été l'ébranlement, n'ayez point de crainte : votre effort n'est pas perdu, et cette part de vous-mêmes que vous avez mise au service de l'évolution éternelle, c'est votre part d'immortalité.

L'ENSEIGNEMENT

EST UN DEVOIR DE L'ÉTAT RÉPUBLICAIN[1]

Messieurs,

J'ai, pour la troisième fois, l'honneur de prendre la parole à cette place. Si chaque fois je sens plus vivement cet honneur et le poids de ma responsabilité, chaque fois aussi j'éprouve une joie plus profonde à pouvoir dire la reconnaissance que doivent avoir pour l'Université les jeunes gens qui lui sont confiés et avec eux, leurs pères et le pays tout entier.

L'année qui vient de finir a été bonne pour elle : le nombre de ses élèves, pendant quelques années stationnaire, s'est augmenté de nouveau. Partout le calme, le travail n'ont cessé de régner. Une discipline plus souple et plus virile, désormais entrée dans nos mœurs, a suffi à maintenir l'ordre d'autrefois en répandant dans toutes nos maisons une bonne humeur, une sorte d'en-

1. Discours prononcé à la distribution des prix du Concours général en 1892.

train joyeux qui ont semblé rendre à tous la
tâche plus aimable; les exercices physiques
n'ont pas cessé d'être en grand honneur et l'on
n'a pas aperçu que les lycées qui y excellaient
fussent moins heureux que les autres dans le partage des succès de fin d'année; partout, d'ailleurs,
dans les lettres comme dans les sciences, dont
un de vos maîtres les plus aimés vous faisait tout
à l'heure, aux applaudissements de tous, un si
persuasif éloge, partout le niveau des études
s'est maintenu, et tandis qu'un jeune enseignement se constituait sans effort, prenant possession de ses programmes au milieu de l'intérêt des professeurs et de la faveur des familles
qui lui confiaient en grand nombre leurs enfants,
l'enseignement classique, allégé et rassuré, re-
trouvait une force dont témoignent les examens
d'entrée aux grandes écoles et, pour un bon
nombre de matières, notamment pour les facultés maîtresses auxquelles sont attribués nos
trois prix d'honneur, les compositions du
concours dont nous allons proclamer les lauréats.

Votre part est grande, mes chers amis, dans
ces bons résultats. Je vous en félicite, et j'en
félicite également vos camarades des lycées et
des collèges de province : vous verrez tout à
l'heure par la comparaison des copies nommées
des départements et des vôtres, que l'on travaille énergiquement ailleurs qu'à Paris et que

vous n'avez pas trop de toutes vos forces pour
maintenir au ressort immédiat de la Sorbonne
sa vieille supériorité : péril heureux, puisqu'il
est le signe d'une vie chaque jour plus active
et qui pénètre désormais jusqu'aux plus loin-
tains, aux plus modestes de nos établissements.

Mais, Messieurs, c'est à vous surtout, c'est aux
administrateurs, aux professeurs, aux maîtres de
tous les degrés que nous devons reporter l'honneur de cette situation. Aussi, à cette heure où
le travail accompli trouve sa mesure et sa récompense, c'est vers vous que se tourne nécessairement ma pensée.

Je parlais tout à l'heure des sentiments qui
n'ont cessé de grandir en moi depuis que m'est
confiée la direction de notre éducation publique.
Le plus profond peut-être de ces sentiments est
l'admiration que j'éprouve pour ce corps enseignant, où se maintiennent sans, cesse suivant
un mot de votre chef éminent, M. Gréard, « le
culte désintéressé de la science, la fidélité au
devoir et la dignité de la vie ».

Vous n'êtes pas seulement l'élite intellectuelle
de la France, vous voulez en être aussi l'élite
morale. Je me rappelle le respect que nous
avions, tout enfants, pour les professeurs de
notre vieux lycée Charlemagne ; comme nous
avions foi dans leur droiture, dans leur sévère
honnêteté ; comment, fût-ce parmi les plus

mauvais élèves, si quelqu'un eût été capable de jouer un mauvais tour à l'un de nos maîtres, aucun ne se fût aviser de mal penser de lui. Ils avaient la simplicité de la vie, l'exacte application à une tâche parfois bien monotone et bien rude, l'ambition bornée comme celle du sage à l'acquittement du devoir; mais nous sentions que toutes ces qualités étaient chez eux associées à une supériorité certaine de l'esprit. Nous comprenions que, s'ils avaient voulu être autre chose, avoir dans le monde un rôle plus brillant, une plus haute fortune, ils eussent été, plus que bien d'autres, dignes d'y parvenir, et nous devinions ce qu'il y avait de noblesse véritable et de juste dédain dans leur modestie. Messieurs, il en est de même aujourd'hui.

. . . .

Messieurs, les affaires politiques donnent bien l'expérience des hommes, et cette expérience est souvent douloureuse. Laissez-moi vous dire, à la fin de cette troisième année, la dernière sans doute où il me sera permis de m'entretenir avec vous, que je ne sache pas pour l'homme d'État de contact meilleur et plus réconfortant que celui des maîtres de notre Université; à vivre au milieu de vous, il sent les idées élevées, les sentiments généreux, un je ne sais quoi de sain et de vivifiant qui l'entoure et le pénètre de toutes parts; il respire ici l'air pur des sommets, et les années qu'il y passe lui donnent pour toute la vie comme un renouveau de force morale et de passion pour le bien.

Ah! comme je voudrais qu'ils vous aient comme moi connus et pratiqués ceux qui font à l'Université de France une guerre de tous les instants, ceux qui organisent contre elle ces campagnes de calomnie, que vous avez raison de mépriser, mais qui nous attristent et nous indignent parce qu'elles font la joie des ennemis de notre patrie!

Je sais bien qu'en attaquant l'Université, c'est l'enseignement public, l'enseignement de la nation républicaine que l'on veut atteindre, et je ne relèverais pas ces attaques si certains esprits généreux, et qui se croient impartiaux, ne se laissaient parfois entraîner, et ne s'imaginaient défendre, en vous combattant, cette cause de la liberté individuelle, de la liberté de conscience dont vous êtes au contraire les serviteurs, et qui, sans vous, eût été compromise aux heures périlleuses et serait peut-être aujourd'hui perdue.

Vous représentez l'enseignement de l'État, et c'est le motif de tant de reproches. L'État excède-t-il donc ses droits légitimes en constituant un enseignement? Je ne répondrai pas par le mot de Michelet si éloquent et si profond pourtant : « La première partie de la politique est l'éducation ; la seconde est l'éducation, la troisième est l'éducation. » Je sais que le mot de « politique » a perdu, dans les polémiques de chaque jour, son sens véritable, et qu'on n'y veut entendre que les querelles des partis. Je voudrais m'élever au-dessus de ces querelles et demander à nos adversaires de les oublier comme moi. On confond volontiers l'État et le Gouvernement : ce sont choses distinctes. Je veux bien, avec tous les républicains, laisser à nos ennemis toute liberté d'attaquer le gouvernement de la République. Ils s'y sont pris d'ailleurs de telle manière que bientôt tout le monde va devenir républicain. Mais je demande grâce pour l'État, qui est la société elle-même organisée et vivante.

L'État n'a-t-il pas le droit — je vais plus loin — n'a-t-il pas le devoir d'ouvrir à tous un enseignement public? Messieurs, cette nécessité d'un enseignement commun est de tous les temps, et si loin qu'on puisse prévoir, quelques modifications que le temps apporte aux rapports des hommes vivant en société, cette nécessité subsistera tant qu'il subsistera un lien social, tant qu'une nation aura un nom de nation et tant que son existence dépendra de la conservation fidèle de l'ensemble de ses traditions, de ses souvenirs et de ses espérances.

On a dit avec raison que toute éducation est un entraînement. Tout homme qui fonde une maison pour la jeunesse autrement que dans une vue de spéculation commerciale, tout éducateur digne de ce nom se propose d'entraîner vers un but déterminé ceux qui passeront par ses mains. S'il en est ainsi, peut-il être indifférent à l'État que la masse des hommes de demain soit entraînée vers un but quelconque ? L'État c'est l'ensemble des citoyens qui constituent aujourd'hui la nation. Est-il sans intérêt pour cette génération qui porte le fardeau glorieux du nom et des destinées historiques d'un peuple, que la génération qui la suivra soit préparée ou non à continuer l'œuvre qu'elle poursuit et qu'elle croit bonne ?

Une nation est un être vivant, et vivant de la vie la plus haute : car si les individus qui la composent sont physiquement, matériellement indépendants les uns des autres, leurs pensées et leurs volontés sont unies dans une pensée et une volonté communes, et c'est dans le domaine de l'idée que nait, vit et se développe l'être collectif à la survivance duquel chacun doit subordonner, sacrifier au besoin son existence particulière.

Supprimer l'enseignement commun, c'est compromettre cette pensée commune, c'est renoncer à sa survivance, c'est la condamner, pour la génération prochaine, à tous les risques de la division, et la division c'est la mort.

Le fondement du droit et du devoir de l'État en matière d'enseignement public est inébranlable ; c'est en lui que repose la perpétuité de la patrie.

Messieurs, s'il est une nation où ces vérités générales trouvent une plus saisissante application, c'est la France ! Le droit pour un peuple d'organiser un enseignement n'est-il pas d'autant plus certain que ce peuple a un passé plus ancien et plus glorieux, et que la vie nationale a été en lui plus une, plus continue et plus intense ? Plus riche est le dépôt des souvenirs qui constituent la mémoire collective d'un peuple, et plus le devoir s'impose de le transmettre fidèlement. Si aux jours de triomphe de son histoire se sont mêlées des heures de deuil, si ceux qui ont passé ont emporté dans la tombe quelque grande tristesse inconsolée, le devoir devient encore plus sacré. Enfin, si ce peuple a été dans l'histoire générale du monde l'initiateur, le représentant, le soldat de certaines idées générales qui ont hâté le développement de la civilisation tout entière, de ce qu'on a éloquemment appelé « les idées humaines », le devoir grandit encore, et ce devoir national devient à son tour un devoir humain. Messieurs, n'est-ce pas là l'histoire de notre France, et pouvons-nous laisser se perdre quelque chose d'un tel héritage?

L'organisation d'un enseignement public est d'ailleurs une nécessité pour une grande démocratie. La liberté civile et politique tend à développer au plus haut point chez l'individu le sentiment de ses droits. L'égalité des citoyens confirme ce sentiment et le rend plus impérieux encore. A cette notion du droit il faut ajouter, dans les esprits et dans les consciences, la notion correspondante du devoir; le citoyen a ses droits dans l'État et ces droits sont imprescriptibles; envers l'État, envers la société, le citoyen, en retour, a d'imprescriptibles devoirs. C'est ce que les auteurs de la Déclaration ont fortement exprimé quand ils ont complété par le mot de « fraternité » la formule immortelle, mot admirable qui demande au libre consentement, au mouvement spontané du cœur, et non à la sanction des lois, l'accomplissement du devoir social. Mais pour que les volontés s'acquittent il faut que les esprits aient été convaincus, pour que les cœurs s'émeuvent il faut que les consciences aient été éclairées, et cette préparation des esprits et des consciences, c'est l'éducation publique qui seule peut la prendre en main et l'assurer. Elle est comme la voix du devoir public, parlant à la fois dans toutes les chaires et dans toutes les écoles ; elle est la conscience nationale attentive et présente en chacun de ces jeunes gens, auxquels la loi ne remettra l'exercice de tous leurs droits que lorsqu'ils auront appris toute l'étendue de leurs devoirs.

Messieurs, c'est bien ainsi que l'Université républicaine comprend son rôle, et lorsqu'on cherche à reprendre contre elle les critiques tant de fois adressées à l'Université de 1808, on confond les temps les plus divers et les institutions les moins semblables, et l'on abuse d'un nom conservé parce qu'il était ancien et illustre, pour attaquer une institution entièrement renouvelée.

L'Université impériale pouvait se définir en deux mots : en dehors d'elle comme en elle, aucune liberté, aucune vie ; c'est le monopole absolu aux mains de l'autorité absolue. C'est un instrument de règne. Messieurs, si cette université existait encore, peu importerait que nous fussions en République : la tyrannie collective ne vaut pas mieux que celle d'un homme.

Mais nous avons le droit de dire que l'Université républicaine peut, elle aussi, se définir en deux mots : au dehors d'elle comme en elle, c'est la liberté et c'est la vie.

Au dehors d'elle, il y a quarante ans que

son monopole n'existe plus, et nombre des
établissements privés qui se sont multipliés
sur tous les points du territoire suffirait à
prouver que la liberté de l'enseignement ne
subit aucune entrave.

Au dedans, l'Université s'est transformée
dans son organisation et dans son esprit. L'élection a pénétré dans ses conseils, à tous les degrés.
Le statut de ses professeurs, de ses maitres, est
garanti par des lois qui remettent au jugement
des pairs toutes les décisions graves, toutes les
sanctions de la discipline professionnelle. La
robe du professeur est presque aussi complètement protégée que la robe du magistrat. Dans
ce vaste et souple organisme, la vie circule
abondamment. Jamais la science pédagogique,
que quelqu'un disait récemment être morte en
France, n'a été plus animée, plus variée et plus
féconde ; les revues spéciales, les brochures,
les livres, les dictionnaires abondent ; dans les
réunions de professeurs, dans les assemblées de
discipline, dans les assemblées des conseils élus,
toutes les questions pédagogiques sont incessamment discutées ; les programmes, les méthodes ont été renouvelés dans le sens d'un
appel continu à l'initiative des esprits, comme
la discipline a été transformée par un appel plus
confiant à la spontanéité des consciences. Tout
marche vers ce but : le libre développement

de la personne de l'enfant, et, par cette voie :
le libre développement de l'action du maître.

Le pays veut la liberté dans les esprits
comme dans les institutions : il la veut dans
les esprits pour qu'elle soit dans les institutions : il confie cette liberté des esprits non à
une corporation fermée et asservie, mais à des
hommes libres et choisis entre les citoyens
parce qu'ils sont les plus instruits dans les
divers ordres de connaissances, et parce qu'ils
sont dignes de la confiance publique par
leur jugement, leur caractère et leur moralité.

Il ne demande pas à ceux qui entrent dans
l'Université quelle est leur opinion : il veut
seulement qu'ils soient capables de l'avoir
librement choisie et que chacun d'eux sache
garder la disposition de soi-même.

Une fois entrés dans leur chaire, il leur
assure pour toute la vie la dignité et l'indépendance. L'Université n'impose son enseignement à personne et le pays veut que personne ne lui impose son enseignement. Les
droits de la pensée du maître, dans notre
enseignement public, n'ont d'autre limite, mais
infranchissable, que les droits mêmes de la
conscience de l'enfant. C'est ainsi que l'Université est bien ce qu'elle doit être dans notre
démocratie française. Elle est le réservoir, inces-

samment renouvelé, de toutes les forces vives de l'esprit du pays; elle est le lieu de tradition des idées qui ont fait notre grandeur, tradition réfléchie, toujours plus éclairée et plus consciente. Elle est, pour tout dire d'un mot, l'école de la liberté de la conscience et de la pensée, en même temps que le foyer de l'unité nationale.

Messieurs, l'Université saura garder ce double caractère.

Le gouvernement républicain a pour objet de diminuer incessamment la part de l'ignorance, de l'égoïsme et de la violence dans les affaires humaines; il a le droit de s'appeler le gouvernement de la raison. L'Université tend incessamment à créer dans les esprits et dans les caractères les conditions nécessaires de cet état politique et social; son enseignement est l'enseignement de la vérité, de la justice et de la tolérance; il a le droit de s'appeler l'enseignement de la raison.

Et c'est en même temps l'enseignement du patriotisme; car le patriotisme a, lui aussi, besoin d'enseignement. On n'est pas patriote à un jour donné, on n'est pas patriote sans savoir pourquoi l'on aime sa patrie. Le patriotisme doit être une vertu réfléchie et une vertu de chaque jour. Il faut que sous ce nom de Patrie soient réunis pour tous les citoyens des idées nettes, des sentiments chers et profonds. Il ne suffit pas qu'il rappelle la nécessité des intérêts communs ou qu'il provoque la poussée subite d'un légitime mouvement d'orgueil; il faut, sous ce nom vénéré, le lien continu des pensées et des résolutions; il faut la mémoire des gloires du passé, la notion du rôle historique des ancêtres, l'amour des causes pour lesquelles la nation a combattu, la souffrance des blessures qu'elle a souffertes, la foi dans les espoirs qu'elle a formés. Et il faut que tout cela soit assez puissant sur l'esprit de chacun pour le dominer, non seulement au jour du péril extérieur où le sang généreux de la race suffirait à le pousser au sacrifice, mais, tous les jours, dans la tâche obscure de l'usine ou du bureau, de l'atelier ou du foyer de famille, en tous lieux, à toute heure, de façon à produire une lente et continuelle accumulation de forces dirigées en un même sens, d'énergies consenties vers un même but, toute une préparation universelle et pourtant silencieuse, tout un travail vraiment organique qui donnera à l'effort national, au jour de l'épreuve, toute sa cohésion et toute sa puissance.

Mes chers amis, c'est cette préparation intérieure que l'Université commence en vous. Puisse-t-elle vous avoir pénétrés de la forte vertu de ses enseignements et, dans la vie

privée ou publique, au milieu des difficultés de
vos carrières comme dans les rangs de cette
armée où vous allez bientôt prendre votre place
avec une mâle allégresse, puisse-t-elle vous
avoir rendus égaux à tous vos devoirs!

L'ÉDUCATION PRIMAIRE

LA RÉFORME

DES MÉTHODES PÉDAGOGIQUES[1]

Mesdames, Messieurs,

J'ai été très heureux de répondre à l'appel que le Président de la Ligue, mon vénéré et cher ami Jean Macé, m'a fait le grand honneur de m'adresser.

Il m'a demandé de venir causer avec vous aujourd'hui de cette question qui est à l'ordre du jour du Congrès de la Ligue de l'Enseignement : la réforme des méthodes pédagogiques.

Pendant les deux années et demie que j'ai passées au ministère de l'Instruction publique j'ai été bien placé pour juger, avec précision, mais sans être influencé par le point de vue

---

1. Discours prononcé au XIIIe Congrès de la Ligue de l'Enseignement, le 26 octobre 1893.

professionnel, de certaines lacunes, de certains défauts, de certaines imperfections qui existaient encore dans notre organisation d'enseignement public primaire.

Oui, notre enseignement primaire public est organisé sur des bases définitives; oui, les grandes lignes en sont arrêtées d'une façon nette et précise, que tous les esprits ont comprise et acceptent; mais ces grandes lignes ne donnent pas encore un tableau complet et parfait, il est nécessaire d'y ajouter plus de détail; il est nécessaire surtout de donner à ce corps si bien constitué, si bien fait, une force intérieure plus puissante et plus consciente d'elle-même, en un mot, une âme vraiment vivante et agissante.

Si c'est bien cela que vous cherchez, Messieurs, permettez-moi de le chercher avec vous.

Vous avez mis la réforme pédagogique à l'ordre du jour du Congrès de la Ligue. Je disais tout à l'heure que l'édifice était construit dans ses grandes lignes; eh bien, pour reprendre l'image familière que j'employais tout à l'heure, je dirai que si le corps est fait, l'esprit n'est pas encore entièrement formé, et que le cœur ne bat pas encore assez vite. L'esprit, ce sont les méthodes d'enseignement; le cœur, c'est l'éducation. Il y a là des réformes nécessaires.

En fait, la situation est celle-ci : les principes qui sont écrits dans nos lois scolaires ne sont pas encore complètement appliqués, l'obligation est loin d'être aujourd'hui une réalité : dans beaucoup de nos départements encore, il y a un grand nombre d'enfants qui ne suivent pas effectivement les cours de nos écoles, et qui en dehors de ces cours n'en suivent aucun, bien entendu ; l'obligation, qui sur le papier existe, dans les statistiques existe déjà beaucoup moins, et dans la réalité qui se cache derrière les statistiques existe encore peut-être beaucoup moins. Combien d'enfants, dans un certain nombre de pays, ne viennent à l'école que pendant l'hiver et n'y viennent plus pendant l'été, si bien que vous apercevez cette conséquence singulière qu'ils connaissent la moitié du programme ; par exemple en histoire, ils sauront très bien ce qui s'est passé dans ce qu'ils appellent le premier semestre de notre histoire, mais ils ignoreront ce qui a pu se passer dans le second semestre, qui sera le xvie, le xviie ou le xviiie siècle.

Il y a plus : dans un certain nombre de départements, et précisément dans les départements où il est le plus difficile de faire pénétrer l'obligation pour tous, parce que ce sont les départements les plus arriérés, dans lesquels le besoin de l'instruction est le moins compris des pères de famille, dans lesquels aussi l'action républicaine est le moins avancée, dans ces départements-là il y a des résistances que rien ne peut briser, il y a des refus de venir à l'école dont on ne peut pas triompher, et il y a malheureusement des refus collectifs de venir à l'école qui sont non seulement tolérés, mais quelquefois encouragés, provoqués par les autorités locales.

Nous avons dans notre système d'enseignement public un organe qui s'appelle la commission scolaire. La commission scolaire est chargée de s'assurer de l'assiduité des enfants, de citer au besoin les parents devant elle pour prononcer certaines pénalités morales; il y a même d'autres sanctions contre les parents coupables d'avoir refusé d'envoyer leurs enfants à l'école; mais en fait vous savez fort bien que ces commissions scolaires ne fonctionnent que là où l'esprit scolaire existe déjà, et que là où c'est l'esprit contraire qui existe, ces commissions scolaires fonctionneraient peut-être en sens inverse si elles se réunissaient. J'en ai connu qui félicitaient les parents coupables.

Il y a là une lacune. Ce n'est pas l'objet particulier qui préoccupe la Ligue, cela ne vous touche pas au point de vue des méthodes, mais je n'ai pas pu m'empêcher, puisque je parlais de ce que j'ai vu, de signaler ce fait, parce qu'il me paraît être un des points sur lesquels l'attention du législateur devra se porter.

Si l'on veut la fin, il faut vouloir les moyens, et si l'on veut que l'obligation soit une réalité, il faudra établir des sanctions telles que la mauvaise volonté et l'ignorance ne puissent pas faire obstacle plus longtemps à l'œuvre si féconde que la République a voulu tenter.

Mais je vais plus au fond : non seulement tous les enfants d'âge scolaire ne viennent pas à l'école, mais beaucoup parmi ceux présents à l'école restent encore en grande partie ignorants des choses que l'école doit leur enseigner.

L'on enseigne évidemment encore beaucoup trop de mots aux enfants, et pas assez de choses : l'enseignement que j'appellerai verbal domine encore presque toute notre méthode d'enseignement ; malgré les instructions si bien faites qui ont été envoyées à vingt reprises par le ministère de l'Instruction publique, par tous ceux qui président à l'enseignement dans notre pays, le personnel primaire, chargé de besogne, très lourdement chargé sur certains points, habitué lui-même à un autre enseignement, à l'ancienne tradition, à l'ancienne routine, a encore confiance dans l'enseignement par les mots ; beaucoup de maîtres encore s'imaginent qu'il suffit d'avoir dicté, comme on dit, une matière, un sommaire à des enfants, pour que tout ce qui a été ainsi écouté par eux, et tout ce qui sera peut-être demain répété par eux (car la mémoire chez eux emmagasine, retient et rend tant bien que mal ce qu'on lui a confié) soit en même temps compris par eux.

Eh bien, tout ce qu'ils répètent ils ne le comprennent pas, et il importe de ne leur faire dire que des choses qu'ils aient préalablement comprises.

Je crois que dans cette critique de ce que j'appelle la forme purement verbale de notre enseignement, est peut-être la critique fondamentale, et par là même le germe de la réforme de la méthode pédagogique dans notre enseignement. Voici comment, à mon sens, se résumeraient les principes de cette réforme :

Le but de l'enseignement primaire ne doit pas être *de donner une grande quantité de connaissances* à l'enfant, il doit être de *rendre l'enfant capable d'acquérir beaucoup de connaissances.* C'est là, non pas seulement dans l'enseignement primaire — j'ai vérifié cela à bien des degrés, et même dans l'enseignement supérieur — ce que je considère comme un axiome en matière pédagogique : le but de tout enseignement général (j'ai l'air de faire un paradoxe, mais je crois que c'est la vérité) n'est pas d'apprendre, mais d'apprendre à apprendre.

Faisant mon droit, ayant passé ma licence, achevant mon doctorat, me trouvant avec des avocats, avec des avoués, avec des gens du Palais, je les entendais me dire : Vous ne savez pas grand'chose... Et je leur répondais : Je sais où il faut feuilleter le Code pour y chercher ensuite la solution d'une difficulté de droit; je sais quelles sont les théories générales qui me permettront de résoudre ensuite certains problèmes juridiques; je sais comment il faut que je fasse pour savoir sur un point particulier; on m'a donné en somme les instruments des connaissances, on n'a pas pu prétendre en trois ans à me donner les connaissances elles-mêmes.

Ce qui est vrai pour l'enseignement supérieur est dix fois plus vrai pour l'enseignement primaire parce qu'il s'agit de donner en quelques années à l'enfant, qui n'aura peut-être plus le temps de revenir jamais sur les bancs d'une école ou d'un cours, non pas seulement l'enseignement d'une science en particulier, mais par hypothèse les éléments de toutes les sciences; car en somme il s'agit de former son esprit à tout, de construire la fondation générale sur laquelle s'élèvera plus tard son esprit; et il s'agit sur cette base première de l'enseignement primaire d'élever plus tard l'édifice, soit par l'enseignement secondaire, soit par toute autre voie, des enseignements particuliers et spéciaux, des enseignements professionnels, de toutes les connaissances et de tous les enseignements dont sa vie tout entière pourra plus tard avoir besoin.

Comment admettre (et n'est-ce pas folie), que dans ces cinq ou six ans on va pouvoir lui donner l'encyclopédie des connaissances dont il se servira plus tard?

Soyons modestes; ne lui donnons que peu de chose, mais que ce peu de chose il le connaisse, le possède véritablement, qu'il l'ait, comme on dit vulgairement, digéré, qu'il en ait fait sa substance, et lorsque ce qu'on lui aura donné sera véritablement entré en lui, aura pénétré dans son cerveau, aura circulé pour ainsi dire dans son sang, alors il saura apprendre lui-même ce qu'il lui sera nécessaire d'apprendre; il ira chercher la chronologie et la nomenclature des faits et des détails s'il a besoin de les savoir, il ira chercher les applications particulières dans une science déterminée, il ira chercher là où cela est, dans le laboratoire, dans le cabinet, dans le bureau, dans la bibliothèque, partout où il sera ensuite appelé par son travail particulier, les développements et les applications de ces connaissances générales et sommaires qu'il aura reçues; mais au moins ce qu'il aura appris il l'aura gardé, il le possédera ; ce sera son Moi intellectuel qui aura été développé. Comme dit Montaigne, il ne s'agit pas de remplir un vase, il s'agit de former un esprit.

Voilà le but : rendre l'enfant capable d'acquérir plus tard d'autres connaissances ; et le moyen, c'est de lui parler toujours comme à un enfant, c'est de ne pas lui parler comme à un homme, c'est de ne pas s'imaginer que son esprit s'est tout à coup formé à toutes les abstractions avec lesquelles nous sommes familiers à notre âge, c'est de se rappeler que son petit esprit va suivre pendant les années de son adolescence exactement la marche qu'a suivie l'humanité pour en arriver de l'état de barbarie à l'état de connaissance supérieure où est parvenu aujourd'hui l'homme civilisé.

Il faut se rappeler que cet enfant ne peut pas comprendre nos abstractions supérieures, il faut les écarter de lui pour l'instant, il les trouvera plus tard si son esprit a été bien formé, et si l'instrument mis en lui a la puissance nécessaire qu'il importe de lui donner dès maintenant.

Pour former cet esprit, je crois qu'il est tout d'abord nécessaire de s'adresser (c'est la loi naturelle et c'est la méthode naturelle) aux organes extérieurs par lesquels il va se mettre en relation avec le monde. Je crois que la nécessité de former les organes, c'est-à-dire les yeux, les oreilles, les mains, d'apprendre à bien voir, à bien entendre, à bien toucher, est la première des conditions de l'enseignement primaire; je crois que les sciences dans ce qu'elles ont de plus élevé nous enseignent précisément ce que nous devons faire dans l'enseignement primaire le plus élémentaire.

Qu'est-ce qu'une science? C'est un ensemble de lois. Comment ces lois ont-elles été formulées et comment prennent-elles dans notre esprit le caractère de la certitude? De la façon suivante : ce sont des généralisations bien faites d'observations bien faites. Il me semble que toutes les sciences se résument à cela.

La première condition est donc de savoir bien observer. L'esprit entre en relation avec le monde extérieur par les organes des sens; il faut donc donner constamment à ces organes des sens des occasions de se développer et de se fortifier. Tout ce qui formera la main, tout ce qui formera l'oreille, tout ce qui formera les yeux, l'habitude des formes, du dessin, seront les choses premières qu'il faudra mettre au début de tout programme d'enseignement primaire. Puis, quand on aura appris à l'enfant à bien voir, on lui apprendra alors à raisonner sur ce qu'il a vu, on lui apprendra à comparer;

il comparera facilement puisqu'il aura bien vu
les différents objets qu'il importe de comparer ;
et ayant comparé, il fera de lui-même ce qu'on
appelle en philosophie l'abstraction, c'est-à-
dire qu'il apercevra les rapports entre les
choses ; car au fond la science des rapports et
la science elle-même, toute la science se ramène
à la connaissance des rapports, et la comparaison exacte d'objets exactement vus et mesurés
n'est pas autre chose chez l'enfant que le commencement de ce merveilleux développement
intellectuel qui a permis toutes les découvertes
de la science universelle !

On pourrait développer ceci longuement et
prendre des exemples à l'infini dans les sciences
du nombre, du calcul, dans la physique, la
géométrie élémentaires. Tenez, j'ai ici, de l'autre
côté de M. Jean Macé, un homme qui a admirablement montré ce que l'observation des
faits bien vus peut amener de développement
dans la cervelle d'un enfant ; je parle de M. Leblanc, inspecteur général, qui a été de ceux qui
ont montré le mieux ce qu'on peut apprendre
des sciences physiques, même dans leurs développements déjà assez complets, rien que par
quelques petites expériences, quelques petits
instruments extrêmement simples, habilement
choisis et mis à propos sous les yeux des enfants.

Eh bien, qu'avez-vous fait, mon cher monsieur Leblanc, avec vos livres? Vous avez fait ce que je disais tout à l'heure : vous avez essayé de faire faire des observations bien faites à des enfants, et tout naturellement vous avez obtenu d'eux les généralisations nécessaires : si bien qu'à partir du moment où ils ont lu vos livres et suivi vos expériences, ils se sont trouvés, non pas des physiciens et des chimistes, mais des enfants capables de devenir plus tard des physiciens et des chimistes ; l'esprit étant en eux formé, l'instrument était forgé et définitivement forgé, et on pouvait les mettre alors dans le laboratoire de chimie : dans le cabinet de physique, on était sûr qu'à partir de ce moment-là la voie était claire et tracée devant eux, et qu'ils sauraient y marcher droit.

Je ne veux pas anticiper, mais je dirai de même que j'ai à ma droite un autre exemple de cette méthode : M. Mismer vient précisément de tenter en Orient, en Turquie, l'expérience d'un enseignement primaire fondé sur des bases semblables à celles que j'indiquais tout à l'heure, et j'ai tout à fait l'espoir que, grâce à cette méthode dont nous parlions, les résultats que nous attendons seront obtenus là-bas au grand profit de l'influence française et de la civilisation.

Je ne peux pas développer outre mesure, dans

cette sorte de conversation. tout ce qu'il y
aurait à dire là-dessus, je me résume en deux
mots.

A mes yeux, le but de l'enseignement primaire n'est pas de donner beaucoup de connaissances à l'enfant, il est de le rendre capable de
les acquérir. Il s'agit non de remplir sa mémoire,
mais de former son esprit.

L'étendue des programmes doit, en conséquence, être restreinte. Il faut n'y comprendre
que les éléments nécessaires pour chaque sorte
de connaissances; ceux dont l'utilité pour l'avenir de tous est certaine, ceux, en même temps
dont la véritable intelligence est possible pour
tous; il faut en éliminer rigoureusement ce qui
peut être retenu, mais non compris. Il faut parler à un enfant comme à un enfant.

Avant la formation même de l'esprit, et comme
la condition préalable et essentielle de cette formation, il faut placer la formation. l'*institution*
des organes par lesquels l'esprit se met en relations avec les choses; il faut apprendre à bien
voir : il faut apprendre à observer. C'est par
cette voie seulement que l'esprit lui-même se
formera, et par là j'entends non seulement
l'intelligence, mais le jugement, et, par surcroît, le goût.

Ils sauront peu de choses, dira-t-on? Qu'importe s'ils le savent bien, et s'ils sont, par ce

peu qu'ils savent, aptes à savoir ensuite ce qu'ils voudront savoir!

C'est l'expérience personnelle de la vie qui leur apprendra le fond des choses, et il ne faut pas espérer devancer cette expérience. L'expérience personnelle de la vie — c'est un mot que je vous vole, monsieur Mismer — elle fait non pas des *savants*, mais des *sachants*, ce qui n'est pas la même chose. Eh bien! ceci, ce n'est pas l'école qui le donnera; il n'est pas possible que, par le tableau noir, par le cahier, par la lecture, on arrive à faire comprendre à un enfant ce que la vie seule est capable de lui révéler.

Mais ce qu'on peut lui donner pour cette expérience personnelle qu'il fera plus tard, ce sont les instruments nécessaires pour qu'elle soit bien faite; ce qu'on peut lui donner, c'est d'abord le support d'un corps vigoureux, de façon qu'il puisse mener sa vie avec force, vigueur, rectitude; ce qu'on peut lui donner, c'est le développement généreux pour ainsi dire, que donnent seuls la santé et l'équilibre des facultés physiques.

Ce qu'il faut enfin lui donner, à l'aide des organes exercés dont j'ai parlé tout à l'heure, c'est la préparation, le développement, la pleine puissance du plus haut de ces organes, de l'instrument supérieur de la connaissance : la raison.

Voilà, à mon sens, la première partie de la réforme pédagogique.

Mais, Messieurs, il y a quelque chose de plus, j'y viens, et je vais terminer par là. Nous ne sommes pas seulement une intelligence, il faut que nous soyons un cœur; par conséquent, lorsqu'on aura donné cette préparation intellectuelle à l'enfant, on n'aura pas du tout terminé l'œuvre du pédagogue, dans le vieux sens du mot, on l'aura à peine ébauchée; pour la terminer, il faudra allumer dans ce petit être la petite flamme intérieure. Après l'instruction, avant elle, devrais-je dire, il y a l'éducation.

Ah! les formules, voilà qui va nous manquer dans cette matière! la formule pour donner du cœur, la formule pour développer le sentiment, la formule pour apprendre l'abnégation et le dévouement, la formule pour apprendre que, quand un homme tombe à l'eau, un autre doit s'y jeter pour le sauver, la formule pour tout cela, elle n'existe pas; il n'y a qu'un secret : pour communiquer cette flamme, il faut l'avoir.

Oui, il faut que le maître ait d'abord ce sentiment intérieur qu'il doit donner à l'enfant. L'éducation, *c'est un don de soi-même*; à tous les instants de la vie, il faut que le maître fasse de lui-même le don à tous ceux qui l'entourent, à tous ses enfants; il faut que ce qu'il a de meilleur dans l'esprit — je ne parle pas seulement de son temps et de sa peine — ce qu'il y a de plus généreux et de plus chaud dans son cœur, il en fasse constamment part à tous ceux qui l'entourent : il faut qu'il se sente lui-même très bon (et ce n'est pas très facile), pour avoir le droit de les rendre très bons à leur tour ; il faut qu'il se sente très courageux pour avoir le droit de leur donner du courage ; il faut qu'il se sente très généreux pour leur donner de la générosité ; il faut, en d'autres termes, qu'il sente qu'il n'est, lui, qu'un subordonné, qu'il n'est qu'un instrument d'une œuvre admirable et supérieure à lui, à laquelle il se subordonne et se sacrifie sans cesse, pour qu'il puisse apprendre à ces enfants, non pas par son précepte, mais par son exemple, qu'il y a au-dessus d'eux quelque chose de supérieur auquel il faudra qu'ils se subordonnent à leur tour et qu'ils se sacrifient peut-être un jour !

C'est là l'éducation.

Cela ne veut pas dire qu'il n'y a pas de méthode, et que tout se résume dans l'appel à la supériorité et à la bonté du maître, car, alors en vérité, nous serions obligés de renoncer à notre œuvre et nous dirions : il n'y a qu'à compter sur la générosité naturelle de ceux à qui nous confierons nos enfants.

Il y a bien une méthode, mais elle ne produira pas de grands résultats : je veux dire par là qu'elle sera *formelle*, elle aussi, qu'elle ne sera pas *réelle* et féconde si l'on n'a pas les qualités morales dont j'ai parlé tout à l'heure ; cependant, cette méthode facilitera tout au moins la tâche, si elle ne l'accomplit pas tout entière. En voici pour moi les traits principaux.

Je crois qu'il serait nécessaire qu'on prît l'habitude d'*exercer* — c'est le mot — le sentiment, chez l'enfant : on exerce les sens, ou plutôt je disais tout à l'heure qu'il serait nécessaire de les exercer beaucoup, et, en les exerçant, on les développe.

Depuis quelques années nous avons pris, heureusement, l'habitude de la gymnastique, des exercices physiques, d'une foule d'entraînements grâce auxquels les organes du corps sont aujourd'hui mieux préparés pour les luttes de la vie, dans notre jeunesse, dans notre adolescence française ; de même, je le disais tout à l'heure, il faut exercer les organes des sens et leur mieux apprendre, par des expériences répétées, à faire leur œuvre journalière. Eh bien, de même que les sens nous mettent en relation avec le monde physique, les sentiments nous mettent en relation avec le monde moral, et il y a là un instrument qui a besoin lui aussi d'exercice et de développement.

On a bien, au fond de soi-même, la distinction

profonde du bien et du mal, elle est dans notre
conscience à tous ; il est certain qu'il y a là
quelque chose d'irréductible ; il est certain
qu'une action très mauvaise choquera, frois-
sera, révoltera le premier venu ; il est certain
qu'une action très bonne excitera aussi l'admiration du premier venu ; mais entre une action
très bonne et une action très mauvaise il y a une
foule d'actions intermédiaires entre lesquelles
les nuances sont beaucoup moindres et plus
délicates, plus difficiles à saisir ; de même que
l'œil d'un enfant reconnaîtra très bien un triangle
d'un carré parce que là les différences sont
énormes, il y a des figures entre lesquelles les
sens n'aperçoivent pas aussi bien les moindres
défauts de symétrie, les moindres dispropor-
tions, les moindres nuances de couleur qui les
différencient en réalité.

On apprend à reconnaître ces inégalités des
lignes, des angles et des formes, on apprend à
reconnaître ces différences des couleurs ; eh bien,
il y a aussi des inégalités faibles, difficiles à
apercevoir, entre les actions morales, un peu
plus de bien ou un peu plus de mal, les deux
plateaux de la balance presque égaux, et cependant pas tout à fait égaux. Il faut apprendre aux
enfants à reconnaître les moindres oscillations
du fléau de la balance, parce que bien souvent
ce sera un rien... Il y a un mot qui dit bien

cela, cela s'appelle un *scrupule*, un poids très léger qui quelquefois suffit à rétablir l'équilibre nécessaire entre deux poids considérables. Eh bien, cela s'appelle en matière morale un scrupule aussi, car, il s'agit de cette petite chose qui, suivant qu'elle aura été placée un jour dans l'un ou dans l'autre plateau de la balance, déterminera dans l'ensemble de la conduite morale de cet enfant toute une série d'entraînements vers le bien ou vers le mal ; si bien que c'est l'erreur du jugement qu'il aura faite le premier jour qui déterminera plus tard dans sa vie tout entière une série d'erreurs de jugement et de conduite qui en feront un malhonnête homme, alors qu'il était peut-être apte à devenir un honnête citoyen.

Eh bien, exerçons le sentiment moral chez les enfants, faisons en sorte qu'à propos de chacune des actions de leur vie, à propos de la moindre faute, ou au contraire à propos du moindre acte digne de louange, immédiatement l'enfant lui-même, les autres enfants de la classe soient appelés à se prononcer et à juger, que le maître sans cesse appelle leur attention sur ces nuances du bien et du mal, qu'il leur fasse une joie non pas seulement d'avoir su faire le bien, mais d'avoir su reconnaître le bien, car il est souvent difficile de reconnaître son devoir, et quand on le reconnaît bien on le fait plus facilement ; que ce soit une bonne note d'avoir dit : voilà une bonne action.

Aussi bien que le fait, l'idée elle-même est une puissance, l'idée est un foyer d'action, et une fois que l'idée est née dans l'esprit elle trouvera bien le moyen de mettre en mouvement le cœur, et avec lui l'être tout entier.

En résumé, c'est d'abord l'éducation du sentiment moral qui me paraît être le point de départ de l'éducation morale proprement dite.

Je parlais, au début de cette causerie, des médiocres résultats de l'enseignement de l'histoire. Quel profit moral, si l'on veut, nous pouvons au contraire tirer de cet enseignement ! L'histoire, au lieu d'une nomenclature que nous voyons si misérable et si inféconde, ne doit-elle pas être au contraire l'occasion de jugements moraux pour les enfants ? Est-ce que pour les maîtres ce n'est pas à chaque instant, dans les actes des grands hommes, des hommes bienfaisants, utiles à l'humanité, que doit être pris l'exemple de la règle du bien et du mal ? Est-ce que l'histoire au lieu d'être une chronologie, qui ne laissera que peu de chose dans leur esprit, ne doit pas être une leçon de morale perpétuelle ? Est-ce qu'on ne doit pas chercher à chaque instant à exciter leur admiration pour les bienfaiteurs de l'humanité et leur indignation contre les malfaiteurs de l'humanité? Est-ce que ce n'est pas un moyen sûr pour que plus tard, quand ils seront des hommes, ils n'aient pas besoin de réfléchir, d'hésiter pour faire un acte de citoyen?

Il faut, voyez-vous, qu'il y ait une accumulation intérieure de jugements déjà bien acquis dans la conscience et dans l'esprit de chacun des enfants pour que, lorsqu'ils seront des hommes, ils distinguent naturellement le bien et le mal et, pour que, lorsqu'ils verront faire devant eux un acte bon ou mauvais, ils n'hésitent pas immédiatement non pas seulement à juger son auteur, mais à admirer ou à s'indigner, c'est-à-dire à agir pour ou contre lui; il faut que cette faculté de distinguer, même dans les cas délicats et complexes, ce qui est bien de ce qui est mal, ne soit pas seulement une qualité de leur esprit; il faut que ce soit comme une fonction, un besoin de leur nature, en un mot un instinct, dont l'action et la réaction exercent sur leur être tout entier une impulsion immédiate, préalable à tout calcul.

Pour parvenir à ce résultat, il faut beaucoup de temps, d'attention et d'efforts, il faut incessamment saisir, dans les événements de l'histoire comme dans les moindres faits de la vie réelle, les exemples et les leçons.

Il y a dans la vieille philosophie de l'Inde une image qui m'a toujours semblé fort belle. Le principe des choses est représenté comme une flamme qui brûle et qui brille solitaire et silencieuse ; autour d'elle il y a plusieurs enveloppes qui en diminuent le rayonnement. Ce sont d'abord des voiles légers formés par les illusions, les erreurs de l'esprit, puis viennent les passions, les besoins et les penchants grossiers du corps ; au delà de la dernière enveloppe, toute lumière est invisible, c'est la nuit. L'homme doit consacrer sa vie à détruire successivement toutes ces enveloppes, depuis les plus extérieures et les plus grossières jusqu'aux enveloppes intérieures aux transparences séduisantes, il faut qu'il triomphe ainsi, par un effort toujours renouvelé de ses passions et de ses erreurs et qu'il arrive enfin à déchirer le dernier voile, à avoir la vue directe de la pure lumière, de la vérité et du bien absolus.

Eh bien, il faut que nous considérions chacun des enfants comme étant précisément en présence de cette lumière voilée. Il faut que nous lui fassions successivement, par la préparation morale de tous les jours, déchirer les enveloppes qui le séparent de la vérité.

Nous savons ce qu'on peut obtenir quand un sentiment profond, une grande idée anime des hommes d'ailleurs pris au hasard dans l'ensemble, et dont probablement la moyenne ne peut pas être considérée comme extrêmement instruite et extrêmement éclairée. Il suffit que ce grand sentiment existe et domine pour que tout s'ensuive sans difficulté et sans effort. Nous avons vu ces jours-ci[1] une foule innombrable parcourir les rues de Paris, et donner au monde l'exemple merveilleux d'une grande fête du patriotisme; chacun des citoyens qui étaient présents dans la rue à l'heure où s'y célébrait cette fête, comprenait qu'il accomplissait un mandat, remplissait un devoir public; chacun de ces citoyens dont le nombre dépasse tout calcul — combien y avait-il de millions d'individus dans les rues de Paris pendant les journées que nous venons de traverser? — chacun de ces hommes, chacunes de ces femmes, je dirais presque chacun de ces enfants avait le sentiment qu'il s'acquittait d'un devoir; et il avait suffi que cette idée morale existât dans l'esprit de chaque individu, pour que la conduite tout entière fût réglée de la façon la plus rigoureuse, la plus droite, la plus parfaite.

Ç'a été un spectacle admirable, et l'on a dit très justement qu'il n'y avait pas de diplomatie

1. Réception des marins de l'escadre russe.

au monde qui pût faire une politique aussi habile que celle que la nation avait faite dans la rue.

Eh bien, le problème de l'éducation, je l'ai vu très clairement résolu ainsi par la foule elle-même dans les rues de Paris; il a suffi qu'une idée supérieure, une idée très forte s'emparât passionément des consciences.

Cette idée très forte, quand il s'agit de patriotisme, elle naît presque d'elle-même dans la foule assemblée; elle naît surtout dans une nation comme la nôtre, où la liberté et le malheur, hélas! avant la liberté ont fait l'éducation de l'esprit public.

Mais tous les devoirs n'apparaissent pas aussi clairement que le devoir envers la patrie. Les manifestations de l'idée du bien sont diverses et complexes, elles ne naissent pas et ne se développent pas aussi facilement dans tous les esprits. Il y faut une préparation, un entraînement sans relâche.

Et puis il ne s'agit pas seulement des actions collectives. Il est facile d'avoir du patriotisme en commun, à certaines heures; on a dit bien souvent que la foule au théâtre était toujours vertueuse; dans les grandes réunions d'hommes, les sentiments des plus forts se communiquent aux plus faibles, et les entraînent. Ce qui est difficile, et ce qui est nécessaire, c'est que l'idée

du devoir n'attende pas pour naître certaines
occasions et certains milieux ; c'est qu'elle soit
toujours présente, toujours pressante, loin de
la récompense, loin de l'approbation des autres
hommes, à l'heure difficile, dans l'isolement.
Pour assurer.la règle de toutes les heures de
la vie de l'homme, ce n'est point trop de toutes
les heures de l'éducation de l'enfant.

Là est la tâche suprême du maître d'école.
La communauté de l'enseignement doit l'aider
à la remplir, il doit profiter de la réunion des
enfants dans une même classe pour y faire
naître, de leur rapprochement même, cette
contagion du bien, par le voisinage et par
l'exemple des meilleurs. Il doit faire de ce
groupe d'élèves, comme une petite foule sen-
sible aux impressions morales, sentant d'instinct le bien et le mal, aimant le bien, vibrant
pour lui. Dans les libres cités antiques, au-
dessus de la place publique, s'élevaient les
images sacrées de la patrie; il faut de même
qu'au-dessus de ces petites têtes assemblées
dans l'école, s'élève sans cesse l'image sacrée
du bien, il faut qu'elle brille toujours à leurs
yeux, qu'elle leur soit toujours présente, et si
éclatante que pour la vie entière ils en gardent
le rayonnement. Plus tard, dans le trouble de
l'action, aux heures où tout semble s'obscurcir,
c'est ce rayon qui les guidera encore et c'est à

sa claire vision qu'ils devront de retrouver la route et de pouvoir dire après l'épreuve morale, cette parole qui console de tout : *j'ai bien fait.*

L'ÉDUCATION DES ADOLESCENTS

ET DES ADULTES

Messieurs[1],

La Ligue française de l'Enseignement est, vous le savez tous, entrée, cette année, dans une période d'activité nouvelle.

Vous vous rappelez quel a été son rôle aux heures difficiles de la fondation de la République, et quelle part lui revient dans le vote des grandes lois scolaires.

C'est elle qui avait, à la voix de Jean Macé, préparé, soutenu, propagé le grand mouvement d'opinion en faveur de l'obligation, de la laïcité et de la gratuité de l'enseignement primaire; c'est elle qui, par l'incessant rayonnement de ses bulletins, de ses circulaires, de ses conférences, avait, peu à peu, fait, sur cette question fondamentale, la lumière dans tous les esprits de bonne foi; c'est elle, enfin, qui, par le formidable pétitionnement du « million

1. Discours prononcé au XIV⁰ Congrès national de la Ligue de l'Enseignement, à Nantes (1894).

de signatures », avait donné aux républicains, qui soutenaient devant les Chambres les projets de lois si violemment combattus, l'appui nécessaire et décisif de la volonté populaire, et leur avait permis, portés pour ainsi dire sur ce flot souverain, de franchir tous les bas-fonds et toutes les barres, et d'entrer victorieusement au port.

Après le vote de ces lois, il avait semblé à quelques-uns que la tâche de la Ligue était accomplie. Mais c'était mal connaître la Ligue et son infatigable président. M. Jean Macé, vous le savez bien, est entré depuis quelques années dans une seconde jeunesse ; il dit même volontiers qu'il est quatre fois jeune, puisqu'il va bientôt avoir quatre fois vingt ans : il fallait donc à son activité nouvelle une nouvelle entreprise, et celle qu'il a proposée à la Ligue, et qu'à ses côtés elle a prise en main, n'est ni moins vaste, ni moins noble, ni moins nécessaire à la France que l'œuvre précédente, et nous avons la certitude qu'elle sera aussi glorieusement menée à bien.

Cette œuvre nouvelle, l'appel d'avril 1894 nous l'a fait connaître dans les termes suivants :

« La Ligue de l'Enseignement, fondée avant l'avènement même de la République pour préparer et assurer l'éducation républicaine du pays, a provoqué d'abord le grand mouvement d'opinion qui a fait donner le minimum d'instruction nécessaire à tout enfant; puis, elle s'est occupée de l'adulte.

« Elle a, devançant le vote de la loi militaire, tourné ses efforts avec succès vers la préparation physique de l'adolescent, tâche qu'elle ne cessera de poursuivre.

« Aujourd'hui, partageant les légitimes anxiétés de tous les bons Français, elle sent l'urgence de faire un nouvel appel à l'initiative privée, pour mener à bien un projet qui est le prolongement même de son œuvre.

« Elle voudrait, de l'école jusqu'à l'entrée au régiment, assurer à l'adulte les connaissances acquises pendant l'enfance, diriger leur perfectionnement dans le sens professionnel, enfin munir le jeune homme, trop tôt livré à lui-même, des solides principes qui sont indispensables aux citoyens d'une démocratie.

« C'est son devoir d'initiatrice et de Française. La situation sociale le rend impérieux pour elle.

« Mais c'est surtout à la sortie de l'école que s'affirme le rôle revendiqué par la Ligue qui, loin de se substituer d'ailleurs aux efforts individuels et collectifs, compte les seconder de tout son pouvoir.

« Elle n'oubliera pas ses devoirs envers les

adultes. Elle provoquera, en ce qui les concerne, une organisation nouvelle; cours complémentaires, cours professionnels, conférences populaires. »

Ainsi, après avoir assuré « à tout enfant le minimum d'instruction nécessaire » par l'organisation du système général de l'enseignement primaire, la Ligue tourne maintenant ses efforts et ses regards vers l'adolescent et vers l'adulte, vers le jeune homme et vers le citoyen. Elle pense qu'il ne suffit pas qu'à treize ans — si les lois sont vraiment appliquées — chacun des enfants du pays soit certain de sortir de l'école avec le bagage de notions élémentaires, indispensable à tout homme civilisé ; dans les années qui suivront, il importe qu'il ne perde rien de ce qu'il a appris à l'école, qu'il accroisse ce premier trésor : qu'il acquière, suivant la profession, la carrière qu'il aura en vue, des connaissances plus précises et plus étendues ; il faut enfin qu'il soit préparé non pas seulement à son métier, mais à la vie, et qu'il ait, vienne l'âge d'homme, acquis non seulement les connaissances, mais encore et surtout les forces qui lui seront nécessaires pour remplir le triple devoir et porter la triple dignité du chef de famille, du soldat et du citoyen.

Messieurs, l'entreprise est immense, mais laissez-moi vous dire que sa grandeur n'égale

pas encore sa nécessité. La loi du monde est
ainsi faite que chaque progrès accompli appelle
un progrès nouveau. Lamartine l'a dit sous une
forme saisissante :

Ne prends pas l'horizon pour la borne du monde.

Dans sa lente et douloureuse ascension, l'humanité n'atteint un sommet que pour voir
devant elle s'en élever d'autres plus hauts et
plus radieux. L'égalité civile conquise en 1789
n'était que la préface de l'égalité politique et du
suffrage universel ; le suffrage universel exi-
geait l'instruction universelle ; celle-ci n'est
rien si l'éducation morale et civique ne la vient
pas compléter et rendre féconde. Et l'État républicain est en péril si la souveraineté, qui est
à tous, n'est pas aux mains d'hommes dignes et
capables d'en porter le noble fardeau.

L'État, messieurs, ne peut cependant se charger de cette tâche. C'est à l'initiative privée, à
la libre activité des bons citoyens qu'il appartient de l'entreprendre. Et c'est aux citoyens
que s'adresse en effet la Ligue ; à tous les
hommes de bonne volonté, elle demande de se
grouper et de s'entendre, de fonder des associations, de créer des bibliothèques, des cours,
des centres de conférences, des patronages. Elle
n'entend se substituer à personne, mais elle
promet à tous ceux qui tenteront quelque chose,

ses conseils, son concours moral et son appui matériel.

Messieurs, j'entends bien ce que l'on va dire. Est-ce donc simplement par des leçons, des conférences qu'il est possible de résoudre les questions politiques et sociales qui agitent, qui divisent, qui, hélas! ensanglantent notre temps. Ne faut-il pas autre chose, et n'est-ce pas aux pouvoirs publics, par une organisation, par des actes, par des lois, qu'il appartient de statuer, de régler les conflits et d'en donner les solutions décisives.

Je réponds sans hésiter : c'est à la loi qu'il appartient de donner les décisions, mais c'est à l'esprit public qu'il appartient de les préparer. Dans une démocratie, dans un état républicain, c'est, quoi qu'on dise et qu'on fasse, l'opinion publique à laquelle appartiennent le premier et le dernier mot. Les représentants du pays rédigent la loi, mais c'est la nation qui la dicte et qui l'exécute. Adressons-nous à la nation.

Messieurs, on ne saurait trop mettre en lumière le caractère et la profondeur de la révolution politique et sociale dont notre siècle a été le témoin. Il ne suffit pas de constater que la République et le suffrage universel ont fait, en droit, de chaque citoyen majeur, un souverain. Un poète a dit justement « que la poli-« tique ne produisait que des révolutions par-

« tielles, limitées aux formes extérieures de la
« société ; mais qu'une seule chose était impor-
« tante : la révolution faite dans les esprits. »
C'est cette révolution dans les esprits que notre
temps a connue, c'est elle qui fait la grandeur
tragique de l'heure où nous sommes : c'est elle
qui éveille chez les uns toutes les terreurs, chez
les autres toutes les espérances. Les cadres
conditionnels des anciens régimes une fois brisés,
les hiérarchies fondées sur les préjugés de la naissance, de la classe ou de la caste, une fois
détruites, chacun s'est trouvé légitimement en
droit de discuter avec tous, d'égal à égal, sur ses
opinions, sur ses sentiments, sur ses intérêts ;
une révolution scientifique et philosophique non
moins profonde a livré, à la même heure, tous
les problèmes jusque-là réservés, à la discussion commune ; le « je pense, donc je suis » de
Descartes a été mis à la portée de chacun, et
chacun s'est constitué le juge souverain et de
lui-même et de tous.

Et cette crise n'est pas spéciale à notre pays.
Des événements récents nous montrent les
mêmes causes agissant sur les divers points
du vieux et du nouveau monde. Comme aux
époques des grandes révolutions géologiques, la
terre entière semble traverser une épreuve. Et
comme, à ces époques, après le soulèvement
d'une chaîne de montagnes, de grands fleuves

se sont trouvés arrêtés dans leur marche et n'ont pu reprendre leur cours que dans des directions nouvelles, nous avons, nous et avec nous tous les amis de la paix humaine, à rendre au grand fleuve des démocraties son courant pacifique, à lui assurer l'issue et la voie par lesquelles il sera, non un torrent irrité et furieux qui inonde et qui ruine, mais un flot bienfaisant qui porte partout la paix et la vie.

Messieurs, si nous regardons de près aux conditions du problème, nous reconnaîtrons bien vite qu'elles sont désormais non pas seulement d'ordre politique, mais aussi d'ordre intellectuel et moral. C'est à l'esprit, c'est à la conscience de tous, grand et petits, puissants et faibles, riches et pauvres, satisfaits et révoltés, qu'il s'agit de s'adresser désormais, et c'est là précisément ce que peut faire, mieux que toute organisation publique, une association libre, désintéressée comme la nôtre, dont le bien général est le seul but et la vérité le seul guide.

Les esprits ont besoin, hélas! d'hygiénistes et de médecins comme les corps. Quelles belles batailles, messieurs, il y a à livrer contre les maladies des esprits! Que de préjugés à combattre, à détruire! C'est le préjugé de classe qui pousse certains ouvriers à voir dans tous les patrons des égoïstes, comme il pousse certains

patrons à voir dans tous leurs ouvriers des mé-
contents. Qui de vous, sans aller plus loin,
ne connaît des maîtresses de maison qui se
plaignent de toutes les servantes, comme il
est probable qu'il est des servantes qui ne
peuvent rester huit jours dans aucune maison.
C'est le préjugé professionnel, qui fait que les
médecins plaisanteront volontiers des avocats,
comme les avocats médiront de leur côté de la
médecine, quoique les uns courent chez les
autres dès qu'ils sont menacés, l'un d'un pro-
cès-verbal, l'autre d'un refroidissement ! C'est
le préjugé de parti, qui fait si souvent repous-
ser par ceux-ci une proposition bonne, utile en
elle-même, et qu'ils accepteraient sans hésiter
si elle n'était point faite par ceux-là ; c'est lui
qui crée entre des hommes faits pour s'entendre
des hostilités qu'aggravent nécessairement le
conflit des intérêts, le choc des amours-propres,
et que l'ivresse des victoires ou la colère des défaites transforme bientôt en haines sans merci.
Contre tous ces préjugés, l'héritage des siècles
passés où les hommes, voyant dans la force
la seule maîtressse du monde, étaient sans
cesse excités à la lutte, dressés les uns contre
les autres par la corporation, la caste, la religion, il faut réagir sans cesse, en apportant la
parole de raison et de justice en enseignant — ce
qui est la doctrine de la Ligue parce que c'est

la condition première de toute pacification sociale — la tolérance.

Nous préparerons ainsi les esprits à la discipline sévère qu'exige, dans les choses politiques aussi bien que dans tout ordre de connaissance, la recherche de la vérité. Nous contribuerons à détruire cette facilité déplorable à s'éprendre de formules vagues, vides de sens, à prendre les apparences pour des réalités, et les mots pour des faits.

Dans une grande réunion comme celle-ci, je citais, l'an dernier, un mot célèbre de Leibniz, disant que le travail de l'éducateur « est de séparer le grain des faits de la paille des mots ». On peut dire de même, que la maturité d'une nation, sa virilité politique, pour ainsi dire, se mesure au besoin d'exactitude, de précision, qu'elle apporte dans l'étude et la discussion de ses intérêts généraux.

Combien nous sommes en France encore loin du but ! Comparez nos journaux à ceux de l'Angleterre par exemple ; voyez comment ceux-ci sont remplis de renseignements exacts, de documents, de chiffres de toute sorte : voyez sur les questions étrangères les correspondances nombreuses et détaillées, sur les affaires intérieures, les enquêtes, les statistiques, les inventaires sans nombre. Et voyez, en regard, les colonnes des nôtres pleines ici de racontars mondains, de bavardages, de récits innombrables d'accidents ou de crimes, là d'articles passionnés et violents, où l'injure remplace l'argument, où les hommes du parti opposé, quelquefois de la nuance d'opinion voisine, sont, pour cette seule raison, outragés, calomniés, livrés à la haine publique.

Comme nous sommes loin encore, à ce point de vue, des mœurs d'un peuple libre, et comme il nous est nécessaire de faire mieux comprendre à tous qu'il ne suffit pas d'avoir inscrit dans les lois la liberté de la presse, qu'il faut qu'elle passe dans les faits et qu'elle n'y passera que peu à peu, à mesure que les écrivains — comme le public qui les lit, les soutient ou les décourage — se rendront eux-mêmes de jour en jour plus libres de leurs préjugés et de leurs passions.

Au fond, il s'agit en somme de faire pénétrer dans l'esprit public, pour l'étude des questions qui intéressent l'État et la société, les habitudes et les règles grâces auxquelles s'est, sur toutes les autres questions, constituée et développée la science humaine. Cette croyance aux formules, aux mots, dont nous parlions tout à l'heure, n'est, elle aussi, qu'un héritage du passé, où tout était tradition, légendes ; où l'on croyait le maître sur parole, où l'on admettait dans les phénomènes de la nature l'intervention incessante de forces mystérieuses, de volontés surhumaines, où l'on ignorait la nécessité des rapports entre les effets et les causes. Combien, dans notre langage courant, nous retrouvons encore la survivance de ce vieil esprit superstitieux!

Qu'est-ce autre chose qu'un reste de superstition que ce mot si fréquent dans les conversations : « Je crois ou je ne crois pas à la médecine », comme si *la médecine* était une puissance particulière, une sorte de personne supérieure, armée comme les génies, pour le bien ou pour le mal; comme s'il y avait autre chose que *des médecins*, c'est-à-dire des hommes sujets comme tous les autres à l'erreur, mais mieux informés, mieux instruits des causes et des effets du mal physique, des conditions dans lesquelles la nature permet de supprimer ces causes ou de modifier ces effets, et dans chacun desquels par conséquent le degré de notre confiance est en raison du degré de leur science professionnelle, de l'étude spéciale qu'ils ont faite de telle ou telle maladie, de leur connaissance particulière du tempérament, de l'état du malade; comme si, en d'autres termes, il n'y avait pas, dans chaque cas nouveau, une équation nouvelle à établir entre chaque maladie, chaque malade et chaque médecin.

Messieurs, c'est pour chaque situation politique la même équation qu'il faut poser et résoudre : les maladies sociales ne se guérissent pas plus que les autres par des paroles et par des formules; il y faut l'examen attentif des faits, la bonne foi dans l'observation, la tolérance dans la discussion des témoignages, l'énergique croyance à la nécessité des rapports entre les effets et les causes, en deux mots l'esprit scientifique, fait de précision, d'impartialité et de patience. C'est cet esprit qu'il faut répandre, aussi bien, vous l'avez compris, chez les écrivains que chez les lecteurs, et, pour dire mieux encore, aussi bien chez les élus que chez les électeurs.

C'est à quoi travaille notre Ligue et l'évolution intellectuelle qu'elle prépare, par cette propagande sera pour notre pays la plus pacifique et la plus féconde des révolutions.

Messieurs, les questions politiques et sociales ne sont pas seulement, je l'ai dit, des questions d'ordre intellectuel : elles sont aussi, et surtout des questions morales. Et la Ligue entend bien ne pas se désintéresser de ce point de vue.

Elle veut, du même effort, travailler à l'évolution intellectuelle et à l'évolution morale de notre pays, et fortifier les consciences en même temps qu'éclairer les esprits.

A cette heure où nous entendons des criminels et des fous furieux prêcher la révolte de l'individu contre la société et opposer l'abominable propagande de la haine à la propagande de la paix et de la fraternité, il ne faut pas seulement frapper les crimes commis avec une impitoyable rigueur, il faut savoir en prévenir le retour. Pour cela deux œuvres sont également nécessaires : l'œuvre législative qui incombe à l'État, et l'œuvre éducatrice qui appartient à tous les bons citoyens.

L'État doit sans relâche — c'est le devoir pressant des pouvoirs publics — entreprendre et réaliser les réformes d'ordre fiscal, financier, économique, social, que la prudence au besoin suffirait à conseiller, mais que la justice exige d'une grande démocratie comme la nôtre. Et pendant que la société s'acquittera ainsi de son devoir envers l'individu, les citoyens éclairés devront, par un enseignement incessant, j'allais dire par une prédication de tous les jours, se tourner vers l'individu, et lui montrer à lui aussi son rôle, sa fonction sociale et son devoir.

Combien peu les individus ont encore conscience de leur véritable rôle dans l'association collective ! Combien croient qu'une société est un simple groupement où chacun est exactement ce qu'il serait s'il était seul, vaut ce qu'il vaudrait s'il n'était pas associé à ses semblables ! Combien ignorent que tout ce qui constitue

la personne humaine, depuis sa santé physique,
son langage, ses connaissances de tout ordre,
jusqu'à sa sécurité et sa fortune, n'est que la
résultante du travail accumulé des générations
antérieures, le produit des échanges constamment consentis entre les hommes, depuis que
l'être a pris conscience du besoin d'appui et
du besoin d'amour! L'association n'ajoute pas
les forces des uns aux forces des autres, elle
les multiplie les unes par les autres; de ce rapprochement naît quelque chose de nouveau;
une force supérieure se dégage du contact des
faiblesses, et celui qui prétend se retirer du
pacte social en emportant ce qu'il appelle sa
mise personnelle, emporte en vérité ce qui est
pour la plus grande part le bien des autres,
commet un vol et fait faillite.

Messieurs, Corneille a dit :

> Aucun n'est assez fort pour se passer d'autrui.

C'est ce sentiment qu'il faut donner à tous,
aux petits comme aux grands, aux pauvres
comme aux riches, et c'est la pratique du
devoir moral de solidarité que, par nos enseignements et par nos exemples, nous devons
rendre familière, naturelle, instinctive pour
ainsi dire, à tous. Tant que cette révolution
intérieure ne sera pas intégralement accomplie
dans les consciences, la révolution politique

dont la France a pris, il y a un siècle, la glorieuse initiative ne sera pas accomplie dans les faits. « L'autorité intérieure, a-t-on dit, doit avoir le pas sur l'autorité extérieure. » Ce qui revient à dire que les lois ne sont rien sans les mœurs, et que toutes les revisions des constitutions politiques seront vaines tant que la revision de la constitution intellectuelle et morale de chacun de nous ne sera pas accomplie.

Messieurs, travaillons à cette tâche de toutes nos forces et avec toute notre confiance. Herbert Spencer résume ainsi la crise de notre temps :

« L'humanité primitive n'avait qu'une religion, celle de la haine; il y en a deux qui se combattent aujourd'hui; l'humanité du lointain avenir n'en aura qu'une, celle de l'amour. »

Messieurs, nous sommes les croyants de cette religion; ne la professons pas du bout des lèvres, pratiquons-la du fond du cœur.

L'ÉDUCATION SOCIALE

L'ŒUVRE DE L'ÉDUCATION CIVIQUE
ET SOCIALE[1]

I

L'ŒUVRE NÉCESSAIRE. L'ÉCOLE NE PEUT SUFFIRE

Messieurs,

Vous connaissez tous déjà l'objet principal des travaux de ce Congrès. Plusieurs questions sont à son ordre du jour ; elles se résument en une seule : l'éducation morale, civique et sociale de la jeunesse française.

L'école existe : les lois républicaines l'ont fondée sur tous les points du territoire et lui ont assuré le triple caractère de l'obligation, de la gratuité et de la laïcité, conditions nécessaires de l'enseignement primaire public dans une démocratie souveraine.

Pourquoi, cependant, l'œuvre nous semble-t-elle encore bien loin d'être accomplie ? A cette

1. Discours prononcé à Bordeaux, au XV° Congrès de la Ligue de l'Enseignement (1895).

question, voici nos trois réponses : parce que tous ne vont pas à l'école; parce que l'école n'est pas tout, et parce que l'école n'a pas de lendemain.

L'école, ouverte pour tous, n'est pas suivie par tous; l'obligation inscrite dans la loi est loin d'être encore une réalité; la fréquentation scolaire est insuffisante; dans de nombreuses communes, beaucoup d'enfants viennent irrégulièrement, beaucoup ne sont même pas inscrits à l'école. La loi scolaire d'obligation est de 1882 : si elle était appliquée, le nombre des illettrés devrait être tombé au chiffre le plus bas : or, leur nombre est encore considérable.

L'école n'est pas tout. Elle ne peut pas être tout. M. Buisson, l'an dernier, montrait à Nantes combien l'instituteur est tenu, surchargé par les devoirs premiers de sa fonction, quelle place nécessaire tiennent les éléments de l'instruction proprement dite dans une école où le nombre des élèves, la différence des âges, l'inégalité des intelligences et des aptitudes exigent du maître une application incessante et sans cesse dispersée sur mille objets. « C'est à qui, disait-il, étendra la mission de l'école... mais que restera-t-il pour apprendre à lire, pour enseigner l'orthographe et les quatre règles? Si l'on pouvait voir, dans nos classes, comme les jours passent et comme la tâche est lourde! »

D'ailleurs, l'action du maître ne s'exerce que pendant quelques années de la jeunesse, et, pendant ces années mêmes, pendant quelques heures seulement de chaque jour. Dans la vie de chaque citoyen, combien est brève la durée de temps de l'école !

C'est une petite île, un port tranquille d'armement et d'inépuisable ravitaillement. Mais combien ont le temps de s'y munir pour tout le voyage ?

Combien seront battus par le premier orage sans pouvoir y venir refaire leur barque désemparée ! Combien, avons-nous dit, encore aujourd'hui, n'y ont même pas abordé ?

Enfin, l'école n'a pas de lendemain. Voici la treizième, la douzième, souvent la onzième année de l'enfant : le certificat d'études est obtenu. Sauf pour quelques privilégiés, que va retenir l'enseignement primaire supérieur, c'est fini. On dit adieu au maître et à l'école. Et cela à quel âge ? A l'âge du danger. Les nécessités du gagne-pain vont jeter l'enfant hors de la famille, dans un milieu nouveau, à l'heure où la crise de l'adolescence commence en lui. l'isolement, l'ignorance, les exemples mauvais, les fausses hontes et les faux points d'honneur : tout va conspirer contre lui ; et cela alors que la sève de la jeunesse bouillonne et monte, alors que tout est séduisant et que rien ne semble dangereux alors, qu'il dépend d'une heure de faiblesse et d'entraînement, d'une camaraderie mauvaise, d'un exemple, d'une tentation, pour désorienter, pour souiller peut-être toute une vie. On l'a dit avec justesse : c'est le lieu des bifurcations. Où le train ira-t-il se perdre si l'aiguille est abandonnée ?

On a justement signalé la progression redoutable des infractions aux lois commises par des mineurs. Le péril augmente pour eux à mesure que la transformation économique des sociétés s'accomplit. Le travail industriel, disperse la famille ; les facilités de communication multiplient et décentralisent à l'infini les occasions d'entraînement ; l'extrême luxe se fait le pire conseiller de l'extrême misère ; on veut vivre vite, jouir aussitôt ; la lutte pour l'existence commence aux années d'apprentissage pour se poursuivre avec toujours plus de hâte et d'âpreté. Qui peut s'étonner ensuite du triste bilan que nous donnent les statistiques pénales ?

Le mal n'est pas, bien entendu, spécial à notre pays. Les ennemis de nos lois républicaines ne manquent pas d'y chercher argument contre elles. Il n'y a là aucun rapport de cause à effet. Le mal, loin d'être particulier à la France, est plus grave dans des pays qui n'ont ni la République ni la neutralité. La statistique judiciaire de l'empire allemand, sur

347.050 hommes condamnés en 1892 pour toutes les catégories de crimes ou de délits, donne les chiffres suivants :

Mineurs de 12 à 15 ans, 13.356, ou 4 p. 100.
—   de 15 à 18 ans, 24.878, ou 7   —
—   de 18 à 21 ans, 61.769, ou 18   —

Les mineurs de vingt et un ans forment donc à eux seuls 29 p. 100, c'est-à-dire près de 3 dixièmes du nombre total des condamnés, tandis que la proportion est en France de 3 p. 100 pour les mineurs de seize ans et de 15 p. 100 pour ceux de seize à vingt et un ans, soit un total de 18 p. 100 seulement, c'est-à-dire de moins de 2 dixièmes de l'ensemble des infractions[1]. Sachons, sans rien cacher de notre mal, ne pas céder à cette habitude de dénigrement de nous-mêmes, où la passion politique pousse tant de prétendus moralistes.

Reconnaissons, au contraire, très hautement, les bienfaits que les institutions de liberté ont déjà produits parmi nous. Notre République a vingt-cinq ans à peine, elle est née aux heures les plus sombres, elle a dû rendre à la fois à la France la vie, l'honneur et la liberté : cette liberté, il a fallu en faire l'apprentissage, au milieu de tous les périls : droit de la parole et de la presse, droits de réunion et d'association.

---

1. Yvernès. *Journal de la Société de Statistique*. mars 1895.

tout était nouveau, inconnu pour cette nation, et malgré les abus inévitables, l'exercice de ces droits est devenu chaque jour plus répandu et plus assuré.

Pour la première fois, comme l'a dit éloquemment Lavisse, une grande société a voulu se gouverner par la seule raison, et cette raison ne s'est laissé émouvoir ni par les folles chimères des passionnés, ni par les habiles violences des politiques; quand d'abominables crimes ont mis en deuil la France et la civilisation, dans ces derniers éclats de la haine et de la violence des âges de barbarie, la conscience publique, sans se laisser gagner au mal détestable de la peur, a su trouver de nouveaux motifs de hâter le rapprochement des hommes, l'avènement de la paix et de la fraternité.

Que d'admirables exemples de sagesse et de vertu civique a déjà donnés cette démocratie toute jeune! Que d'œuvres bonnes et désintéressées, créées de toutes parts! Que d'institutions d'enseignement, de bienfaisance, de mutualité; et, d'autre part, quelle patience sous le lourd fardeau qu'impose à chacun la sécurité de la patrie, et quel exemple donné au monde que celui de ce grand peuple, libre et souverain, et faisant avant tout de sa souveraineté cet usage de s'imposer, sans un murmure, pour garder l'honneur du présent et les espoirs de l'avenir, la plus lourde charge militaire que nation ait jamais portée !

Mieux vaut le péril de la liberté que la tranquillité de la servitude. Ce mot est toujours vrai. Mais la liberté, par ses périls mêmes, impose des devoirs aux nations qui veulent en être dignes, et l'éducation morale de la jeunesse n'y est plus seulement une obligation de conscience pour les membres de la cité ; elle est pour la cité même une condition essentielle de son existence. La démocratie française l'a compris. A mesure que l'organisation de notre enseignement primaire public s'achevait, la vue des limites de son action apparaissait plus clairement, et avec elle la nécessité de compléter l'école, qui ne s'adresse qu'à l'âge scolaire — et qui, même pour cet âge, ne peut suffire à l'éducation totale de l'enfant — par un ensemble d'institutions et d'œuvres qui fît pour la jeunesse, pendant et après l'école, ce que l'école, même la meilleure, ne peut raisonnablement faire à elle seule.

Cette nécessité, Jean Macé devait être un des premiers à la reconnaître. Grâce à la clairvoyance merveilleuse qui, en 1848 comme en 1867 et en 1873, lui avait fait apercevoir aussitôt les périls nationaux et les moyens de les écarter, il trouva là, pour la Ligue, dont l'œuvre première était achevée, un nouveau champ d'activité et de combat, et l'an dernier, à Nantes, il posa le problème et — avec cette certitude de vaincre qu'il apportait comme une nécessité de sa nature au seuil de chaque entreprise — il nous invita à l'étudier et à le résoudre.

A Nantes même, la besogne fut commencée. Vous vous rappelez, messieurs, le remarquable rapport présenté par l'un des délégués du Cercle girondin, M. Bénard, sur les patronages scolaires, et les vœux qui furent adoptés. Vous vous souvenez également de l'accueil qu'au nom du Gouvernement notre éminent ami Buisson fit à nos projets ; comment la question fut reprise à la Chambre et quelle sanction éclatante donnèrent au programme de Nantes les résolutions du récent Congrès du Havre.

L'idée est maintenant dans tous les esprits, le mouvement est commencé sur tous les points du pays. L'heure est venue d'entrer dans l'action.

II

CONDITIONS NÉCESSAIRES DE L'ŒUVRE DE L'ÉDUCATION SOCIALE :
L'IDÉE ET LE SENTIMENT, LA VOLONTÉ ET L'INSTINCT

Messieurs, le problème de l'éducation morale, civique et sociale est un problème complexe que l'on ne saurait aborder sans une méthode rigoureuse, une analyse très précise de ses diverses données.

Le caractère, on l'a dit justement, est une résultante. Quelles que soient les croyances ou les opinions que l'on professe sur la doctrine du libre arbitre, nul ne conteste que la liberté humaine est soumise à des conditions nombreuses dont l'hérédité, le milieu, l'éducation font incessamment varier les effets. L'homme ne naît pas libre : il conquiert chaque jour, pas à pas, sa liberté.

Pour qu'un homme, ayant à choisir entre deux résolutions, placé, comme disait l'antiquité, entre le vice et la vertu, se détermine pour l'acte moral, pour le bien, il faut non seulement qu'il ait l'*idée* claire de ce bien, mais qu'il en ait le *sentiment* et la *volonté*, et que ce sentiment et cette volonté soient assez puissants en lui pour dominer les sentiments et les désirs que l'idée, toujours trop claire celle-là, de l'acte mauvais ne manque pas d'exciter en même temps en lui.

L'idée claire du bien, l'enfant la doit prendre dans les enseignements de l'école. L'instruction, qui est la première tâche du maître, a pour objet, non de remplir l'esprit de connaissances, mais de le former à la connaissance et au jugement. C'est une opération de l'esprit qui précède l'acte de la volonté. Cette opération de l'esprit, l'instruction générale la prépare et l'assure par l'exercice quotidien des facultés intellectuelles, par l'analyse des mots et des idées, par l'étude des réalités de la nature et de l'histoire, en deux mots par la pratique de la vérité.

Mais l'idée abstraite n'agit point directement sur la conduite. L'idée est une force, elle est la force même, dans l'acception la plus noble et la plus large de ce mot. Mais cette force n'agit qu'après s'être transformée en sentiment. Qui de nous n'a fait sur lui-même cette expérience? Le récit d'un grand mal, d'une grande injustice, d'un acte de violence ou de barbarie, s'il s'agit d'un pays éloigné, d'une époque reculée de l'histoire, ne déterminera en nous, malgré notre jugement le plus sévère, aucune véritable émotion. Que ce même fait soit plus proche de notre temps, de notre milieu, et notre cœur s'émeut. Qu'il nous arrive d'en être les témoins, et l'indignation nous jettera dans l'action. C'est que l'idée abstraite et décolorée s'est transformée en une image éclatante, dont le spectacle a fait tressaillir tout notre être. C'est qu'alors, suivant la grande parole de Pascal, « nous connaissons la vérité non plus seulement par la raison, mais par le cœur ». Nous avons vibré, nous avons souffert, *Passi sumus*; et c'est la passion qui a fait l'action.

Un savant contemporain a donné du mal cette brève et énergique formule : le mal c'est la douleur d'autrui. Pour nous interdire le mal, pour nous obliger au bien, il faut que cette douleur d'autrui, nous la ressentions en nous-mêmes; il faut que, par une perception directe de cette solidarité naturelle qui relie dans le temps et dans l'espace toute la chaîne des êtres vivants, nous souffrions de la souffrance des autres et goûtions la joie de leur bonheur.

C'est à développer non seulement l'*idée*, mais le *sentiment* du bien et du mal, que doit donc tendre l'éducation. C'est la culture des émotions bienfaisantes qu'elle doit se proposer, si elle veut être efficace et féconde. A l'image du plaisir, à la tentation qu'elle éveille, à la passion qu'elle favorise, il faut opposer l'image du bien, l'émotion, la passion du bien : « Une passion, a dit Spinoza, ne peut être vaincue que par une passion contraire et plus forte[1]. »

Mais pour obtenir que cette passion du bien soit la plus forte, pour qu'à chacune des crises morales, à chacun des duels qui s'engagent en nous entre elle et la passion malfaisante

1. *De l'esclavage*, prop. 7.

son image prédomine en nous et son influence l'emporte, il faut une longue préparation et comme un entraînement quotidien. L'égoïsme qui n'est que la forme inintelligente et brutale de la tendance à la conservation de l'être, est le fond de la nature individuelle ; pour qu'il soit vaincu par la tendance opposée, par le désintéressement, par l'esprit de dévouement et de sacrifice qui transforme l'idée de conservation et de développement de l'individu en l'idée supérieure de conservation et de développement de la famille, de la cité et de la race, il faut de nombreux et patients essais. Aux premières rencontres, l'animalité qui pèse en nous, qui nous retient au fond du passé par la chaîne des siècles innombrables, a toutes chances de l'emporter sur l'humanité, depuis si peu de temps éveillée dans l'homme.

L'animalité, c'est l'instinct accumulé par l'hérédité de mille générations. Que d'efforts avant que l'humanité, idée récente, se soit en nous, par la répétition et par l'habitude, transformée à son tour en un sentiment profond, en un autre et supérieur instinct !

« Les sympathies, a dit Herbert Spencer, devenues organiques chez les hommes les plus développés, font qu'ils se conforment spontanément aux préceptes altruistes. » Pour que cette spontanéité existe dans un acte, il faut qu'elle ait été préparée par une série d'actes antérieurs, réfléchis, voulus, non spontanés. C'est l'éducation lente de la volonté qui rend plus tard inutile l'intervention de la volonté.

« Tout être, en agissant, contracte une tendance à répéter son acte; plus l'acte a été souvent accompli, plus grande est la tendance à le produire encore[1]. »

C'est en accomplissant quotidiennement avec courage les petits actes de la vie, en consentant, à toute rencontre, ces petits sacrifices dont Bossuet a dit qu'ils étaient « les plus crucifiants », que la tendance définitive vers le bien sera fixée en lui, et que son courage sera si ferme, si assuré, si égal à toute occasion que, comme les vieux soldats revenus de vingt batailles, il combattra sans connaître son courage, puisqu'il combattra sans penser au danger.

Alors seulement naîtra spontanément la bonne action, comme la plante naît de la semence. Alors seulement l'être humain, en faisant le bien sentira qu'il accomplit une fonction de la nature, et trouvera comme dans tout fonctionnement normal une satisfaction profonde, un sentiment de bien-être et de bonne santé. Alors seulement, suivant l'image charmante de Montaigne, la vertu ne lui paraîtra

____

1. Marion, *Solidarité morale*, p. 110.

plus « plantée à la tête d'un mont coupé, raboteux et inaccessible, mais logée dans une belle plaine fertile et fleurissante... belle, triomphante, amoureuse, délicieuse pareillement et courageuse, ayant pour guide nature... et pour marque la plus expresse une esjouissance constante ».

Le problème de l'éducation morale comporte donc trois termes également nécessaires : une idée nette du bien, la culture du sentiment et de l'émotion, la transformation du sentiment en naturel par la répétition fréquente, par l'habitude des bonnes actions. Et pour chacune de ces parties, il faut une action continue, permanente, non les à-coups de la récompense ou de la punition, mais l'incessante sollicitation de l'influence personnelle, de l'esprit, de la conscience et de la volonté de tous ceux qui sont chargés de l'enfant. « Il y a, a dit fortement un de nos meilleurs maîtres, M. Jules Payot[1], une méthode pour arriver à la maîtrise de soi. » Il faut, chez l'éducateur, une connaissance de cette méthode, un plan complet et continu d'action.

---

1. Payot. *L'Éducation de la volonté.*

III

LA CULTURE DU SENTIMENT ET DE LA VOLONTÉ

L'idée du bien doit être proposée à l'enfant comme le but même de la vie, la fin supérieure vers laquelle nous devons non pas nous tourner à quelques heures solennelles, mais ordonner toutes nos pensées et toutes nos actions. Les devoirs ne doivent pas être décrits à son esprit comme des abstractions successives ; le devoir est un idéal vers qui tout en lui doit aspirer. « Il faut, a dit le même écrivain, qu'un sentiment prenne la direction de la vie. » C'est par cette action supérieure que seulement pourront être vaincues les résistances de chaque heure, les entraînements de chaque occasion, qu'à chaque tournant de la route l'image fidèle apparaîtra.

George Sand a dit quelque part qu'il était une chose dont elle plaignait surtout le paysan : « Il passe toute sa vie au milieu de la nature, et il ne la voit pas. » Qui de nous n'a fait une observation analogue, et n'a vu comment une direction générale de notre pensée, l'habitude prise, grâce à la profession, de certaines associations d'idées et de certains sentiments, donnaient à chacun de nous les impressions les plus diverses en face d'un même spectacle.

Il est midi, dans la grande chaleur d'août, sur la colline sèche, aux pierres roulantes, une troupe de vignerons, ce que nous appelons en Champagne du vieux mot latin « un hordon », donne à la vigne, avant la vendange prochaine, une dernière façon; les feuilles vertes commencent à prendre la rouille d'automne, les grains violets des grappes tournent au noir, les vignerons sont courbés sur la pente, et l'on entend, par instant, le fer de leurs pioches sur les cailloux.

Des voyageurs passent sur la route : un négociant calcule le rendement de cette vigne et le prix probable de la récolte; un artiste voit les lignes du coteau, la lumière qui vibre dans l'air embrasé, et les taches mobiles, éclatantes, que font sur la masse des feuilles les coiffes blanches des vigneronnes; un savant songe à la composition de ce terrain, au plan particulier de ce cépage; des gens en fête chantent le bon vin; combien auront pensé au dur labeur, au mérite silencieux, à l'amélioration possible du sort des travailleurs que le soleil écrase et dont, par instants, on voit se relever lentement la maigre échine et s'étendre, dans un mouvement de lassitude, les bras noueux, secs et brûlés comme leurs sarments? N'est-ce pas là, cependant, comme partout où se poursuit le travail humain, l'idée qui devrait d'abord venir à tous : l'idée supérieure, l'idée vraiment humaine?

Il faut que l'éducation ait cet effet de donner aux hommes l'habitude de cette pensée d'humanité; qu'elle évoque en lui à toute heure devant tout spectacle, l'image de la souffrance humaine et du devoir de fraternité envers elle; qu'elle crée en lui sans cesse, inévitablement, l'association nécessaire de l'idée, de l'émotion et de la volonté du bien.

Messieurs, tel est le but; tout le système de l'éducation doit y concourir. Pour rendre l'idée du bien claire à l'esprit, il faut, par mille exemples, donner à l'enfant, au jeune homme, l'occasion de l'analyser, de la discuter, de la préciser.

Anatole France a donné du style une exquise définition : « Le style, a-t-il dit, ce sont les nuances de la pensée »; un bon style ne s'improvise pas; les nuances du bien et du mal ne se connaissent pas non plus du premier jour; il y faut une analyse subtile et patiente.

Deux devoirs sont en présence, opposés, contradictoires. Lequel choisir? Quel est celui derrière lequel se glisse l'intérêt, celui qui ne nous paraît peut-être le plus impérieux que parce qu'il est le plus séduisant?

Le théâtre de Corneille est fait de ces débats

profonds et subtils. La vie, chaque jour, nous en offre mille occasions. La recherche directe de la meilleure conduite dans chacune de nos moindres résolutions est l'exercice de la raison le plus salutaire, le plus moralisant. C'est une méthode familière à l'Église. Sachons, comme on l'a dit, pour la morale humaine, lui emprunter ses moyens humains.

La culture du sentiment doit être poursuivie par la même méthode patiente et calculée. C'est dans l'adolescence que tous les sentiments s'éveillent, qu'ils ont à la fois toute leur fraîcheur et toute leur sève, et qu'ils peuvent déterminer dans l'être tout entier ces mouvements profonds et durables qui orientent une vie. Combien sont précieux, pour cette fin, la lecture des grands poètes, le récit des grandes actions historiques, celui surtout de la vie des grands hommes de bien, si on les comprend, non comme des textes confiés à la mémoire, mais comme de petits drames où le cœur s'est ému ; mais combien plus encore le spectacle donné du bien et du mal qui nous entoure sans cesse et dans ce milieu l'intervention personnelle, et l'action, l'action répétée.

Rien ne vaudra la part prise à quelque bonne action, l'aide donnée soit au camarade, soit à toute autre personne, et non pas seulement l'aumône, la cotisation, mais l'aide personnelle, la visite aux pauvres, aux malades, la présence, le concours donné à un sauvetage, dans un accident, dans un incendie. Il faut que le contact de la vie qui l'entoure soit à tout instant pour l'enfant l'occasion d'un bienfaisant émoi déterminant sans cesse une bienfaisante activité.

Il en sera de même de la conduite personnelle, de ce que les philosophes appellent « les devoirs envers soi-même ». La culture du sentiment s'appliquera également à ce sentiment intérieur de la dignité, le plus délicat et le plus intime, en même temps le plus salutaire et le plus fort de tous ceux qui règlent une vie. Comme chaque jour, dans son contact avec la vie extérieure, il aura souffert plus vivement de la souffrance humaine et joui plus profondément du soulagement qu'il aura pu y apporter ; chaque jour, dans le secret de sa vie intérieure, il goûtera plus vivement, à chacune des petites victoires remportées sur les penchants égoïstes ou dégradants, la satisfaction de la possession de soi-même, l'orgueil légitime de la victoire morale, et ce que Montaigne appelle simplement « la joie de la vertu ».

A l'heure des grands entraînements, des luttes décisives, il n'aura pas besoin de chercher hors de lui, dans une prescription extérieure, le motif de sa décision et le point d'appui de sa volonté. Il ne redoutera que la blessure intérieure ; il ne craindra d'autre peine que la perte de cette dignité dont tant d'efforts passés lui auront révélé le prix ; il n'espérera d'autre récompense que le salut de cette souveraineté intérieure et que

> ... cette allégresse
> Qui nous monte du cœur au front et le redresse,
> Et l'illumine, chaque fois
> Que l'âme, en affrontant ce que la chair abhorre,
> Soumet la vie à l'ordre et, sage, collabore
> A l'idéal avec les lois [1].

IV

MOYENS EXTÉRIEURS : L'EXEMPLE, L'OPINION, LE MILIEU ; ORGANISATION DU PATRONAGE DÉMOCRATIQUE DE LA JEUNESSE

Messieurs, cette formation du caractère, cette triple éducation de la raison, du sentiment et de la volonté, sont le premier besoin d'un peuple libre. « L'institution du prince » était le grand souci des monarchies, et les plus illustres parmi les savants, les moralistes, les hommes d'État, les chefs de l'Église, en étaient chargés. L' « institution » du citoyen est du même prix pour la nation souveraine. Vous vous rappellez, mes-

1. Sully-Prudhomme, *la Justice*, 9ᵉ veille.

sieurs, l'éloquente lettre de Jean Macé à Jacques Bonhomme : « Allons, Jacques Bonhomme, mon ami, puisque tu te dis roi et que tu veux la République, haut la tête et la poitrine en avant! Apprends ton métier de roi et de républicain, c'est le même. Un peuple républicain est un peuple roi. » Qui pourra suffire à cette tâche : l'éducation du peuple roi?

Messieurs, si nous avons réussi à mettre en lumière les conditions d'une telle entreprise, nous en avons du même coup mesuré la grandeur et les difficultés.

On a parlé, très justement, de la réorganisation des cours d'adultes, et nul plus que nous ne souhaite voir se rouvrir ces réunions du soir où adultes et adolescents viendront compléter leur instruction générale, acquérir des connaissances spéciales, techniques, professionnelles, prendre le goût et l'habitude des lectures intéressantes, des enseignements élevés. Un grand mouvement s'est déjà produit en ce sens; de tous les points de la France, les instituteurs et les institutrices, avec un dévouement, un entrain, un enthousiasme véritables, se sont offerts à prendre cette charge nouvelle. Nous les avons retrouvés, au premier appel, ce que nous les avons connus quand nous avions l'honneur d'être à leur tête, non seulement soldats iné-

branlables, mais infatigables guides de la grande
armée républicaine, prêts à toute heure à faire
un nouvel effort pour conduire toujours plus
haut, plus près des sommets, cette jeunesse qui
sera la France de demain.

Grâce à eux, nous en avons la certitude, les
cours d'adultes vont, à la rentrée prochaine, se
rouvrir sur les points les plus divers du territoire, et les soirs d'hiver, un peu partout, aux
fenêtres des maisons d'école, s'allumera la
clarté des lampes de nos maîtres, et vers cette
lumière, dans la nuit noire des campagnes, les
travailleurs, oubliant la fatigue, sauront trouver
leur chemin.

Mais ce n'est là, comme nous l'avons vu,
qu'une partie de l'entreprise. C'est le point de
départ; c'est la continuation ou la reprise du
contact avec les esprits. C'est aussi l'utile emploi
des heures dissipées et perdues, l'habitude et
le goût donnés ou rétablis de la lecture, de
l'étude, des occupations élevées, du commerce
des idées. Mais il faut plus encore : il s'agit non
seulement d'un enseignement intellectuel, mais
d'un entraînement moral et social de l'adolescence, et, pour produire cet entraînement, il
faut une action continuelle, un groupement
permanent, tout un réseau d'aides, d'appuis, de
concours, d'échanges de sympathies et de services, ce que la famille donne aux plus heureux,

une atmosphère saine et fortifiante, un foyer, et, pour dire plus encore, un milieu, milieu moral, civique et social.

C'est ce milieu que nous voulons créer, grâce aux Associations de patronage, patronage de l'enfance, qui sera en même temps comme un patronage de l'école elle-même.

Aider au recrutement de l'école publique, en assurer la fréquentation régulière, créer dans l'école et autour d'elle les diverses œuvres de secours matériel et d'appui moral qui y attireront, y retiendront les enfants, en feront pour eux et pour leurs parents même, un centre habituel et préféré, une petite maison commune; établir entre les élèves par des Associations de jeux, d'exercices, d'épargne, de mutualité, l'habitude du lien social ; créer pour les abandonnés, les délaissés, de « petites familles »; puis, l'âge scolaire passé, le temps d'école achevé, maintenir ces groupements et ces liens, faire que les anciens élèves se considèrent comme des débiteurs volontaires de l'école, et augmenter leur dette envers elle, en en continuant les bienfaits ; offrir dans ce but au jeune homme ou à la jeune fille les livres d'une bibliothèque, les objets d'étude d'un petit musée, les distractions d'une promenade ou d'un jeu en commun, l'intérêt d'une conférence, le profit d'un cours complémentaire ou professionnel, la protection d'une tutelle morale, l'heureuse fortune d'un placement honorable et la chance d'un avenir, mêler, pour tout cela, à l'action initiale de l'instituteur ou de l'institutrice, à celle des auxiliaires légaux de l'enseignement : délégués cantonaux, membres des commissions scolaires, des caisses des écoles, des municipalités, l'action volontaire des pères et des mères de famille, riches ou pauvres, jeunes ou vieux, de tous ceux qui pourront donner quelque chose d'eux-mêmes, de l'argent, un local, des objets en nature, des livres, fût-ce seulement une heure de leur temps; appeler à l'aide tous ceux qui savent, qui peuvent enseigner, professeurs des écoles supérieures, des collèges, des lycées, des Facultés, écrivains, auteurs dramatiques, artistes, et demander à chacun sa contribution personnelle ; intéresser également les chefs d'industrie, les propriétaires de domaines, les patrons grands et petits, quiconque peut avoir demain besoin d'un serviteur, d'un ouvrier, d'un employé ; faire ainsi peu à peu, et sur tous les points du pays, naître et vivre un essaim de petites Sociétés locales, dont chaque membre prendra conscience de sa place dans l'organisme de la cité et comprendra quel est l'échange des services d'où sort incessamment le développement de la civilisation ; voilà ce que nous appelons, à la Ligue, *le patronage démocratique de la jeunesse française.* Voilà par où et comment peut se former autour de nos enfants le milieu nécessaire à leur complet développement moral.

Un milieu : c'est le vrai mot. Un milieu seul peut donner à la fois ces deux forces auxiliaires, mais indispensables, de toute action éducatrice : des exemples et une opinion. Tout le monde parle — c'est devenu une pensée banale — du danger des mauvaises camaraderies. L'avantage des bonnes camaraderies n'est pas moindre. On ne se doute jamais assez de l'influence qu'exerce sur l'homme, à plus forte raison sur la jeunesse, la tendance à l'imitation. La force de l'exemple, de l'exemple répété, continu, est extrême. On a justement parlé de contagion morale : la contagion existe pour le bien comme pour le mal. On se compare, on veut s'égaler. Dans tout entraînement de conduite, vers le meilleur comme vers le pire, il y a une émulation, les Anglais diraient : un *sport*. Il faut, par le groupement sagace, créer dans chaque petite Société locale l'entraînement, l'émulation, le sport vers le bien.

Et comme à toute athlète il faut des spectateurs, autour de cette jeunesse s'efforçant vers le bien, il faut l'encouragement d'une opinion bienveillante mais qui sache, à certaines heures, devenir inquiète et sévère.

« La disposition aux nobles sentiments, a dit quelqu'un, est une plante délicate facilement flétrie. » Rien n'est décourageant pour celui qui s'efforce comme l'indifférence de ceux qui l'entourent; rien de mortel comme la raillerie, la dérision. Entre le jeune homme et l'opinion des méchants qui raillent, ou simplement des niais qui « blaguent », il faut mettre l'opinion des bons esprits et des bons cœurs.

Pour se mettre, suivant le mot de Jean Macé, « en état de se *prêcher* soi-même », il n'est pas inutile qu'on se sente *prêché*. Le régiment a fait une longue route, et les soldats traînent un peu le pied. Mais voici les premières maisons d'une ville, voire d'un village, et le bruit du clairon a fait ouvrir les fenêtres où se pressent les bonnes gens. Aussitôt la fatigue s'oublie, les rangs s'alignent, les tailles se redressent, le bruit régulier d'un seul pas frappe le sol, et le régiment passe dans l'allure fière et coquette du départ. Faisons, Messieurs, que sur le progrès de notre jeunesse, les fenêtres du village soient ouvertes et que, pour l'encourager et l'applaudir, s'y pressent toujours les braves gens.

V

FEMMES DE LIGUE DE L'EST
APPEL A L'ASSOCIATION DES LIBRES PENSEURS

Messieurs, voilà l'œuvre tout entière. Elle est assez noble, assez difficile pour tenter les plus grands. Elle est assez vaste pour n'appartenir à personne et pour exiger le concours de tous. Jean Macé en a indiqué les grandes lignes, et la Ligue de l'Enseignement en poursuit, dans sa sphère, l'étude et la réalisation. Mais elle n'y prétend ni priorité, ni privilège. Toutes les initiatives, toutes les organisations, toutes les tentatives seront bonnes à ses yeux, qui tendront au même résultat.

Toutes les initiatives, ai-je dit. Nous croyons, en effet, fortement, que c'est par la libre association des initiatives privées que l'entreprise peut aboutir. Ce n'est pas seulement l'étendue, c'est la nature même de l'objet qui l'exige. La condition de tout progrès moral, c'est l'effort personnel. Comment ceux qui veulent pousser la jeunesse dans cette voie du progrès moral, pourraient-ils y parvenir, si l'effort personnel manquait à la base de leur propre entreprise, s'ils étaient eux-mêmes incapables d'en donner l'exemple ?

Et non pas seulement l'effort au début, pour créer leur association, pour l'organiser, la subventionner et la faire vivre, mais l'effort quotidien, pour garder le contact personnel avec cette jeunesse, et vraiment la soutenir et la diriger. Interrogé sur ce point pendant le Congrès du Havre, je répondais : « Pour réussir dans la tâche d'éducateur, il faut une qualité essentielle, une qualité nécessaire et suffisante : *le don de soi*. On ne décrète pas le don de soi. Chacun de nous se donne quand il veut se donner, et nous ne nous donnons tout à fait que lorsque personne ne nous a prescrit de le faire. »

Je n'ai point changé d'opinion. L'État, en cette matière, ne peut qu'aider les initiatives ; il ne peut pas, il ne doit pas se substituer à elles. L'instituteur sera, dans chaque commune, le mieux placé pour entreprendre et pour agir, mais je voudrais qu'il entreprît et qu'il agît librement. Seul, certainement, il pourra se charger de certaines parties de la tâche. Les cours d'adultes, par exemple, dans toutes les communes rurales, ne peuvent être régulièrement professés que par lui. Mais même, pour ces cours, je voudrais qu'il eût le mérite et l'honneur de les faire volontairement, non comme un fonctionnaire qui s'acquitte de son office, mais comme un citoyen qui, parmi les

tâches civiques, a choisi celle à laquelle il se
sent le mieux préparé.

Une pareille tâche ne peut être gratuite, et
celle-là, qui sera lourde, devra, bien entendu,
être honorablement rémunérée. Mais je voudrais que, là même, la subvention de l'État
n'arrivât qu'en dernière ligne, à défaut de celles
qui doivent, logiquement et moralement, la pré-
céder, d'abord la cotisation des élèves eux-mêmes
et de leurs familles, toutes les fois qu'il leur
sera possible de la donner, puis la libre sou-
scription des bons citoyens, des Sociétés locales,
et seulement ensuite, comme un encouragement, comme un appoint, celle des communes,
des départements et en dernier lieu celle de
l'État.

C'est un peuple libre dont l'éducation est
en cause. C'est dans la liberté qu'il faut le préparer à vivre dans la liberté. C'est le mot fami-
lier de Jean Macé : « Faisons agir librement
ceux qui savent pour faire raisonner librement
ceux qui ne savent pas. »

Et maintenant, messieurs, mettons-nous au
travail. La Ligue est prête à l'action. Qui nous
aimera, nous suivra ; et nous aiderons qui nous
suivra. De tous les points du pays, comme au
temps des grandes campagnes de la Ligue,
les demandes de renseignements, d'avis, de
concours affluent vers nous.

Le mouvement gagne de toutes parts. Le sentiment s'affirme chaque jour que la démocratie ne peut rester immobile entre la peur et la violence ; qu'elle se doit à elle-même d'agir pour la transformation pacifique des conditions de la vie sociale, que le but est d'établir entre les citoyens les liens d'une solidarité véritable, et que cette solidarité ne peut s'établir que si les conditions en sont conformes à la nature et à la justice, et propres à être comprises par la raison des hommes comme la loi nécessaire des choses et librement acceptées par eux comme une réalisation de leur propre idéal.

Messieurs, nous ne répéterons jamais assez que le problème social est, quoi qu'on fasse, le problème de l'éducation. Ouvrons de toutes parts, suscitons sur tous les points de la République des associations libres de patronage de la jeunesse : autour des écoles de la raison, créons les écoles du caractère, écoles pratiques de morale, de civisme et de solidarité.

LE LENDEMAIN DE L'ÉCOLE[1]

I

LE PROBLÈME

Le lendemain de l'école!... c'est à Nantes qu'il en fut parlé la première fois, et cette idée fut reprise depuis à Bordeaux et au Havre : à Bordeaux par nous-même dans notre dernier Congrès, et au Havre par l'ensemble des Sociétés d'instruction populaire. C'est cette question qui va dominer nos délibérations; c'est cette question qui préoccupe tous les esprits soucieux du lendemain : c'est celle qui préoccupait Jean Macé dans les dernières heures de sa vie. Il se rappelait la Révolution de 1848 : il se rappelait la date où le suffrage universel a été proclamé dans ce pays, inscrit dans la loi avant de devenir une réalité vivante et consciente d'elle-même; il se rappelait le mot qu'il avait pro-

1. Discours prononcé à Rouen, à l'ouverture du XVIe Congrès de la Ligue de l'Enseignement (6 août 1896).

noncé le 24 février 1848 au soir : « J'ai eu froid
dans le dos », disait-il toujours. Il s'était demandé si ces millions d'hommes qui étaient,
du jour au lendemain, appelés du rôle de sujets
au rôle de citoyens souverains, allaient être
capables de porter cette couronne nouvelle et
ne faibliraient pas sous le poids.

Dix-huit années d'Empire, et le désastre de
la nation couronnant, en 1870, ces dix-huit
années de servitude, ont malheureusement
donné à la prévision de Jean Macé une trop
triste, trop lugubre confirmation.

Mais la République est proclamée, la République s'est faite, assurant à tous les citoyens
français le libre exercice de leurs droits. C'est
alors que Jean Macé s'est dit que, plus le souverain allait être libre, plus le souverain allait
être en possession de tous ses droits et de tous
ses devoirs, plus il était nécessaire que ce souverain fût digne d'exercer sa souveraineté. Et,
comme il le disait, il n'y a rien de plus difficile
à faire que l'éducation d'un roi : les efforts faits
par la monarchie sont là pour l'attester. Donc,
Jacques Bonhomme, te voilà roi. Jacques
Bonhomme, tâche d'être digne d'être roi !...

La Ligue a fait ce qu'il fallait qu'elle fît
pour que Jacques Bonhomme, souverain, fût
digne d'être souverain : elle a créé de toutes
pièces la trilogie indestructible, gratuité, obli-

gation, laïcité ; l'instruction primaire publique a
été répandue largement, librement, avec le
caractère de neutralité nécessaire au besoin
d'un pays comme le nôtre.

Mais l'école n'est pas tout : nous l'avons dit
à Nantes, nous l'avons répété à Bordeaux;
l'école n'est pas tout et ne peut pas tout. L'écolier quitte l'école à treize ans, et l'école l'abandonne : elle est obligée de l'abandonner. Est-ce
que la société, la démocratie tout entière va
l'abandonner aussi?... Que faut-il faire pour
qu'il ne soit pas livré, abandonné à lui-même?...

C'est là le problème, et c'est ce que, depuis
deux ans que Jean Macé a prononcé ces paroles, nous cherchons à résoudre dans nos réunions. C'est le problème dont aujourd'hui, si
vous le voulez bien, nous allons nous occuper
encore; voyons, d'une part, les résultats déjà
obtenus et, d'autre part, les chances d'un
meilleur succès futur.

En tout cas, dès maintenant, reconnaissons
ceci, et justifions par là même ce que je disais
de notre droit à la confiance dans l'avenir :
depuis deux ans, il y a quelque chose de fait.
C'est cet ensemble de chiffres, cet ensemble de
faits, qui, grâce à une bonne fortune — la bonne
fortune s'appelle Buisson — c'est cet ensemble
de résultats, dis-je, qui, grâce à une bonne for-

tune, ont pu être réunis et publiés quelque
temps avant notre Congrès.

M. Buisson a chargé l'un des membres les
plus éminents de la Ligue de l'Enseignement,
M. Édouard Petit, de faire une enquête dans
toute la France sur les résultats des cours publiés à la suite des Congrès du Havre, de
Nantes et de Bordeaux. Une grande poussée
a été donnée à cette œuvre que j'appellerai
l'œuvre du lendemain de l'école. Le travail de
M. Éd. Petit nous permet de mesurer la route
parcourue, et de répondre à cette question :

Quelque chose de nouveau se développe-t-il
en ce moment?... quelque chose naît-il?...

<h2 style="text-align:center">II</h2>

PREMIERS RÉSULTATS

A. *Les Cours d'adolescents. — Les Conférences
avec projections.*

Oui, il y a quelque chose de neuf sous le ciel
de la France; d'abord ce quelque chose n'a
presque l'air de rien. Il y a ceci de neuf, que,
simplement à l'appel de bons citoyens soucieux
de l'avenir des esprits et de la grandeur de
notre pays, il s'est levé tout un peuple d'ouvriers de bonne volonté, désireux de faciliter

la tâche de ceux qui se sont mis résolument à
la tête du mouvement. Un frisson a parcouru
la France entière et soulevé tous les esprits;
toutes les bonnes volontés se sont mises en
mouvement. Et des groupes se sont formés, des
institutions sont nées, toute une floraison
d'œuvres nouvelles, de cours, d'associations,
de conférences, de groupements, de Sociétés
d'instruction et d'éducation a surgi de toutes
parts comme par enchantement. Même dans
les pays les plus difficiles, la moisson a levé,
et là où il n'y avait rien, il y a quelques jours,
nous nous trouvons en présence d'un peuple
de bons citoyens travaillant en commun à la
besogne commune.

Voici quelques chiffres : d'abord les cours
d'adolescents. Nous disons plus volontiers cours
d'adolescents que cours d'adultes, — le mot de
cours d'adultes éveille l'idée d'un cours suivi
par des hommes qui reviennent après la vingt-
cinquième ou la trentième année, reprendre
dans les cours du soir quelques notions élémentaires, quelques bribes de l'instruction
primaire qu'ils ont eue et oubliée, qu'ils n'ont
peut-être jamais eue; ces cours d'adultes
deviendront non pas inutiles, mais supérieurs,
du jour où nous aurons réalisé notre idée. Ce
que nous désirons, ce à quoi nous tenons par-
dessus tout, ce sont les cours d'adolescents.

c'est-à-dire les cours destinés à ceux qui viennent de quitter l'école et n'ont pas encore pénétré dans la caserne, à ceux qui sont sortis par cette première porte de la vie publique, la porte de l'école, pour entrer par cette seconde porte de la vie nationale, la caserne nationale. C'est vers la création de ces cours que nous nous préoccupons de diriger tous ceux qui ont à cœur le relèvement et la grandeur de notre pays.

Voici les chiffres que je vous annonçais tout à l'heure :

En 1894-1895, il y avait en France 7.322 cours d'adolescents pour garçons. A la fin de l'année scolaire 1895-1896, à la suite des deux Congrès de Bordeaux et du Havre, ce nombre est passé à 13.950 cours, c'est-à-dire qu'il a presque doublé.

Mais il y a une remarque bien plus importante à faire — et c'est pourquoi tout à l'heure je parlais des départements difficiles — c'est dans ces départements difficiles, dans ces départements arriérés, et dans les plus arriérés surtout, que le mouvement a été le plus remarquable et le plus rapide. J'ai noté précisément un certain nombre de ces départements dans lesquels, de moins de 10 cours d'adultes en 1894, de zéro même — il y a un département qui n'avait pas du tout de cours en 1894 : la Corse —

le nombre des cours d'adultes est monté en
1895 à 96, à 100, 200, et même plus de 200
cette année. Il y a eu, au commencement de
l'hiver dernier, dans le grand mouvement d'enthousiasme qui a suivi les Congrès du Havre
et de Bordeaux, 400.000 jeunes gens — vous
entendez bien, 400.000 jeunes gens — qui sont
venus sans autre poussée, sans autre pression
que le bon conseil des bons citoyens qui les en-
touraient. Oh! je sais bien que 400.000 inscrits
cela ne veut pas dire 400.000 présents; il est
certain que ce mouvement d'enthousiasme a
été suivi d'un mouvement de recul et que, de
tous ces jeunes hommes qui se proposaient
d'augmenter leur instruction après leur besogne
quotidienne, beaucoup ont reculé devant la
tâche à accomplir. Mais il résulte des réponses
envoyées par tous les directeurs de cours
d'adultes à M. Édouard Petit, qu'un peu plus de
la moitié a persévéré et qu'on a pu compter
270.500 adolescents et adultes qui ont, en
réalité, durant le trimestre d'hiver, suivi régulièrement, trois fois par semaine, en général, les
cours du soir fondés en octobre.

Eh bien! j'avais raison de dire qu'il y a quelque
chose de nouveau dans notre pays; on doit
regarder comme un grand événement civique
le fait que, pendant cet hiver, il y ait eu
270.000, mettons 200.000 jeunes gens qui aient,

uniquement par désintéressement, par le désir de s'instruire, demandé à recueillir une instruction complémentaire.

Les cours de jeunes filles, qui étaient de 906 en 1894, se sont élevés à 1.800 en 1895. Jusqu'ici, nous ne pouvions donner de statistiques satisfaisantes qu'en ce qui concerne les garçons : il ne nous a pas encore été donné de pouvoir nous occuper des filles autant que nous l'aurions désiré ; mais, comme pour les garçons, vous voyez que la proportion a doublé, bien que le point de départ fût beaucoup plus modeste. A quoi cela tient-il ?... A beaucoup de causes sans doute, et peut-être tout d'abord à ce fait que les cours d'adultes et d'adolescents ne peuvent avoir lieu que le soir, ce qui n'est guère facile pour les jeunes filles. Mais il faudra que nous parvenions à parer à toutes les éventualités ; il faudra trouver le moyen de mettre à la portée de la jeune femme cette éducation complémentaire que nous donnons au jeune homme. Nous ne devons pas désespérer, puisque dès la première année nous avons réussi à doubler les résultats.

Je ne veux pas fatiguer votre attention par des statistiques trop abstraites et trop précises ; j'épargnerai votre temps en ne vous citant que quelques chiffres principaux. De ce nombre sont ceux ayant trait aux conférences, lectures et causeries organisées sur tout le territoire par la Ligue de l'Enseignement ou par les Sociétés adhérentes de la Ligue. En 1894-1895, ces conférences, lectures et causeries étaient au nombre de 10.379; notez bien que le mouvement ne commence qu'après le Congrès de Nantes; nous en sommes à nos débuts. On n'en est donc encore qu'à 10.379 en 1894-1895. Pendant le cours de l'année scolaire 1895-1896, le nombre de ces conférences, lectures et causeries s'est élevé à 61.476; 4.700 de ces conférences ou lectures publiques du soir ont été faites sans projections, et 14.000 environ avec l'outillage de projections lumineuses que vous connaissez.

Vous savez l'importance que nous attachons à la Ligue à ce mode particulier d'enseignement par les projections. Nous considérons que la conférence sans projections peut avoir tous les mérites et toutes les vertus, mais qu'elle ne met pas dans l'esprit ce qu'il lui faut pour en retenir le fruit. Il est certain que la mise de l'objet lui-même — car c'est bien lui qui apparaît — sous les yeux de l'auditoire, produit ce double résultat d'éveiller et de retenir l'attention des auditeurs en même temps qu'on le leur explique, ils le voient, et voir, c'est bien autre chose qu'entendre. Et plus tard, quand on est parti, quand on est rentré chez soi, quand quelques jours, quelques semaines, quelques mois, quelques années même se sont écoulés depuis la conférence à laquelle on a assisté, si ce qui a été dit s'est oublié, ce qui a été vu reste absolument gravé dans la mémoire. Et les gens de se dire : « Te rappelles-tu ce que nous avons vu?... Te rappelles-tu comment cet homme était habillé, quelle forme bizarre avait ce monument?... — Oui, oui, je me rappelle très bien. » Et par ce souvenir des images, par cette évocation des vues que le conférencier avait eu le bon esprit de faire passer sous les yeux de son auditoire, c'est le fait dans sa complexité, ce sont les explications données qui renaissent vivantes dans l'esprit de l'auditoire, de l'ancien auditoire, de cet auditoire dispersé. Et l'on peut dire que c'est une série de plaques sensibles qui ont été impressionnées, non pas dans un appareil photographique, mais dans chacune des cervelles et dans les yeux de tous ceux qui ont écouté et regardé.

On ne s'étonnera donc pas de me voir m'appesantir aussi longuement sur ce point, et me féliciter hautement du développement donné par la Ligue au service des *rues* et des beaux résultats qu'elle a obtenus par ce moyen. Nous avons cette année vendu, je dis vendu, mettons cédé — nos prix ne méritent pas de dire vendu — 477 appareils de projections et prêté — et c'est un prêt circulant — 3800 autres appareils de projections, soit en tout 8000 appareils qui, grâce à nous, existent dans 8000 centres en France. Si vous ajoutez à cela que nous avons vendu 8,000 vues et que nous en avons prêté 48,000, vous verrez tout de suite la part que la Ligue a prise dans cet ensemble de conférences et de causeries avec projections. Vous voyez que nous sommes fidèles aux instructions de notre Maître et que nous continuons la bonne besogne qu'il nous a taillée.

II. Les Institutions d'éducation sociale.
Caisses scolaires. — Associations. — Patronages.

Il est maintenant, en dehors des cours et conférences, d'autres œuvres dont s'occupe la Ligue et qu'elle se propose de développer : ce sont les institutions d'éducation sociale. Les cours, les conférences contribuent certainement à l'éducation, mais ce sont surtout des organes d'instruction. C'est pourquoi, autour d'eux, il faut qu'il y ait un ensemble d'associations qui se proposent moins directement l'instruction populaire que l'éducation sociale. Un grand nombre de ces associations se sont déjà développées, je ne dis pas toutes avec le concours de la Ligue, mais la plupart sur son initiative et à son appel. Au nombre de ces institutions bienfaisantes, je veux placer en première ligne les Mutualités scolaires. Je ne vous parlerai pas longtemps de ces Mutualités scolaires, parce que j'ai le plaisir d'avoir à mes côtés celui qui s'en est le plus occupé dans votre ville ; j'ai là mon ami Ricard, qui a su vous en démontrer si bien les bons effets que déjà chez vous nous avons le rare bonheur de voir 2.500 enfants associés à cette œuvre d'intérêt général ; quel éloge vaudrait de pareils chiffres !

Mais il n'y a pas que Rouen qui possède de telles institutions. Nous avons ici également un autre de nos collègues de la Ligue, M. Cavé, qui pourrait vous dire que dans le XIX⁰ arrondissement de Paris — dans le XIX⁰ et dans d'autres certainement, mais je ne parle que de celui-là qui est le sien — il y a des mutualités scolaires jeunes et déjà puissantes. Je ne saurais dire si les chiffres que j'ai sous les yeux sont absolument exacts, mais s'ils ne le sont pas, M. Cavé les rectifiera certainement en les augmentant ; il en résulte que 2.800 livrets ont été délivrés aux enfants associés, qu'il a été donné 70.000 francs de secours sous forme de secours mutuels, d'assistance pour maladie, et qu'il a été économisé 100.000 francs. Voilà une œuvre de capitalistes enfants qui se porte bien et qui pourrait en remontrer à beaucoup d'œuvres de grandes personnes.

A côté de ces mutualités scolaires, il s'est multiplié un certain nombre d'Associations d'élèves et d'anciens élèves. C'est là une forme bien intéressante de l'association que je voudrais voir se développer pour le plus grand bien de l'éducation sociale. Il y en a déjà 622 en France, dont 150 environ sont nées l'année dernière; nous savons en outre, par nos correspondants, que 100 autres sont en voie de formation. Il y aura donc prochainement près d'un millier d'Associations d'anciens élèves des écoles primaires, — je ne parle pas des lycées. Il y en aura un millier : il nous en faut 36,000, voilà la différence, mais nous y arriverons.

Ces Associations ont ce mérite et cet intérêt particulier qu'elles mettent véritablement en œuvre l'idée de solidarité et de fraternité entre les enfants élevés ensemble et les enfants élevés, non pas à la même date, mais successivement dans un même lieu, et entre lesquels il doit toujours exister une sorte de lien moral. Par elles, se réalise, entre tous leurs associés, la grande idée de la famille sociale: tous ces enfants, si l'on voulait bien chercher, si l'on voulait remonter un peu loin, sont tous parents: nous sommes tous quelque peu cousins. Nous faisons tous partie de la même famille : vous savez combien il est difficile de s'y reconnaître parfois dans les degrés de parenté : tout le monde se trouve cousin. Eh bien, en développant ces associations, nous faisons du cousinage, et, ce qui vaut mieux, de la Fraternité. Les organisateurs de ces associations ont été très ingénieux : jeux, sports, mutualités, orphéons, fanfares, ils se sont appliqués à réunir tout cela pour intéresser tous leurs membres : ils ont ainsi trouvé des manières très agréables de s'aimer les uns les autres. Ne les décourageons pas, c'est la vraie manière de s'aimer.

Je voudrais maintenant dire un mot des patronages scolaires. Voici encore une belle institution, mais il faut que nous soyons modestes : ce n'est pas nous qui l'avons inventée, ce sont nos adversaires : ce sont eux qui ont créé ces patronages autour des établissements que l'Église protège, suscite, développe et défend. Il leur a semblé que c'était une bonne manière de maintenir à l'ombre des grands murs de l'Église les enfants élevés par elle que d'aplanir pour eux les conditions d'apprentissage et de placement, de leur faciliter par tous les moyens les débuts de la lutte pour la vie. Un certain nombre d'industriels, de grands commerçants, sont entrés dans ces associations comme patrons, et les jeunes gens ont trouvé là la chance d'être ensuite pris, employés et d'avoir une carrière assurée pour l'avenir. On conçoit que ces patronages se soient rapidement multipliés.

Il est bien légitime que nous fassions pour l'école de la République ce que les autres ont fait pour leurs écoles. Il est bien juste que nous groupions autour de nos écoles laïques tous ceux à qui nous avons donné l'instruction primaire. Il faut que nous donnions à notre enfant les mêmes avantages que possède celui qui sort des mains de nos adversaires. Nous ne voulons pas que cet enfant se trouve dans une situation plus difficile qu'un autre pour faire son apprentissage et pour avoir la confiance de la maison dans laquelle il sera employé. Il faut créer des patronages, et je suis heureux d'apprendre qu'ici même, à Rouen, il y a un patronage en voie de formation, et qui, j'en suis sûr, deviendra prospère comme toute œuvre émanant d'hommes de volonté et d'initiative intelligente et hardie. Mais il ne suffit pas qu'il s'en crée dans les grandes villes : il faut qu'il y en ait autour de chacune de nos écoles laïques de la République française.

Qu'est-ce donc qu'un patronage scolaire?... C'est *tout ce qui sera utile à l'enfant*. Je ne veux pas — je ne le pourrais peut-être pas — donner de définition étroite et spéciale : cela peut être des conférences, des jeux, une fanfare, un orphéon, une société de gymnastique, peu importe, n'importe quoi; c'est tout ce qui retiendra l'enfant, tout ce qui nous le ramènera, tout ce qui l'habituera à se solidariser, à mettre en pratique les grands principes de mutualité et de fraternité, tout cela s'appellera le patronage et sera bon.

En Angleterre, tout cela existe, et nos voisins d'outre-Manche sont même allés plus loin : ils sont allés jusqu'à installer des offices judiciaires autour de l'école. Là les sociétaires sont sûrs de trouver les conseils d'un avocat, et souvent même sa plaidoirie s'ils vont devant les tribunaux!

En un mot, tout ce qui peut être bon pour l'esprit de l'enfant, tout ce qui est utile pour sa conscience et de nature à développer son corps et son intelligence, tout ce qui peut venir à son aide, tant au point de vue moral qu'au point de vue physique et financier, tout cela s'appelle le patronage. L'enfant doit trouver aide et protection au milieu de ceux qui habitent la même commune que lui, parce que tous ont intérêt à ce que l'école de laquelle il est sorti soit un foyer de paix publique. Il doit trouver un appui moral suffisant pour le soustraire aux entraînements malsains : c'est cela le patronage!...

Eh bien! nous en avons fondé 403 en France.

Cela n'est pas énorme, je le sais bien, mais c'est toujours un commencement, et c'est même un beau commencement : ce n'était pas commode à faire; il fallait, l'idée lancée, se rendre maître des préjugés, et ils étaient nombreux, tant on comprend mal encore les bienfaits d'une association d'enfants. Eh bien! ces préjugés, nous les avons fait disparaître sur beaucoup de points, et ce sont ces œuvres qui nous donneront la meilleure arme pour constituer sur tout le territoire français cet immense réseau de concours matériel et moral pour tous les petits enfants qui auront passé par l'école de la République.

III

LE PROFIT MORAL ET SOCIAL

J'ai à peu près fini de vous citer tous mes chiffres, et je vous demande pardon de m'y appesantir aussi longuement, mais il fallait qu'ils fussent recueillis, retenus et publiés. Je serai beaucoup plus bref pour les commenter. Chacun de nous fait facilement le compte de ce que ces faits matériels représentent de résultats moraux et sociaux. Que de bien déjà obtenu,

que de résultats acquis pendant cette belle
année que j'appellerai la renaissance fraternelle et sociale de notre pays!... Si vous vouliez
faire le compte du profit retiré déjà par chacun
de ces enfants, si vous vouliez bien mesurer ce
que chacun de ces enfants a emporté d'ouverture d'idées, de meilleure connaissance des
choses et des hommes, d'habitude de la vérité
constatée, vérifiée, discutée même avec le
maître, si vous calculiez ce qu'il a gagné en
rentrant à l'atelier, ce qu'il a remporté de
maîtrise de son outil et de lui-même, — de lui,
il est plus sûr; son outil, il le connaît mieux,
il a mieux vu son métier, il l'a mieux compris —
après les conseils scientifiques qu'il a recueillis
au patronage, il fait mieux sa besogne; il y est
devenu, ai-je dit, maître de son outil; c'est un
mot que j'emploie à dessein, car au lieu de se
trouver l'esclave de son outil, il en est devenu le
maître par suite des connaissances scientifiques
qu'il vient d'acquérir — si vous comptiez déjà
tout cela, que d'avantages, que de profits directs
vous pourriez recueillir et mesurer! Cela, c'est
le profit immédiat seulement; il y a encore le
profit indirect, le profit d'intérêt général, mais
celui-là ne se compte pas.

J'ai essayé de faire un calcul, et je serai heureux qu'en sortant d'ici chacun de vous pense
à ce problème et cherche à le résoudre. Que

représentent, dans un pays comme le nôtre, trois heures par semaine données par 100.000 jeunes gens qui n'y étaient pas obligés, pour augmenter leur instruction et leur éducation, et cela pendant trois mois?... Qu'est-ce que cela représente en force productrice créée, en force vitale épargnée?... Car, savez-vous comment ils l'auraient employée, cette force?... Savez-vous ce qu'ils auraient fait de leur conscience, de leur intelligence, de leur vie, en un mot de tout ce qu'ils ont mis en réserve en améliorant leur instruction et en fortifiant leur éducation? Savez-vous tout ce qu'ils ont épargné de fécond, tout ce qu'ils ont conservé de vigueur, de force et de puissance en sacrifiant trois heures par semaine?... Pour juger ce que ces cours ont produit de bon, rappelez-vous le mot de Napoléon quand il disait : « Tout cela, une nuit de Paris le réparera! » nous disons, nous : « Tout cela, une soirée d'école le sauvera. »

Voilà ce que gagne le pays tout entier, voilà le profit qu'il retire des patronages scolaires!... Nous retenons l'enfant par l'étude, nous lui donnons l'habitude de ne pas se laisser aller au cabaret, au jeu, au vice sous toutes formes ; nous l'habituons à réserver son intelligence, sa vie tout entière pour le service de la meilleure des causes, nous le faisons plus fort, plus instruit et meilleur. Je l'ai dit : nul ne peut mesurer encore ce que pareille œuvre représentera pour la nation de forces vives accumulées. Ce qu'il donne, ce qu'il donnera, ce système de patronages scolaires, nous ne pouvons l'apprécier entièrement quant à présent, mais nous sommes certains qu'il nous rendra au centuple ce que certaines heures d'abandon ont enlevé de forces à la Patrie !

Oui, ce profit, plus on y songe, est incalculable ; il se manifeste sous toutes les formes. Jusqu'à présent je n'ai parlé que des bienfaits qu'en tirent les jeunes gens eux-mêmes ; mais ceux qui leur donnent leurs soins, croyez-vous qu'ils ne trouvent pas aussi un certain profit ?... Ils s'y intéressent d'abord par esprit de curiosité, puis par sympathie, puis enfin par dévouement. Est-ce que vous croyez qu'ils n'en tirent pas, eux aussi, quelque avantage ? Est-ce que vous croyez que, même parmi les maîtres, il n'y en aurait pas qui auraient moins bien employé cette heure du soir ?... Nous sommes tous des hommes ; je ne dirai pas qu'ils en auraient fait un mauvais emploi, mais en tout cas ils en auraient fait un emploi inutile, et le sentiment qu'ils ont du service rendu à leurs semblables sera meilleur pour eux qu'une soirée passée à jouer aux cartes ou consacrée à des distractions sans lendemain. Le maître qui aura consacré une heure du soir à perfectionner l'instruction des jeunes gens de sa commune se trouvera grandi, élevé à ses propres yeux : il lui semblera qu'il est meilleur citoyen ! Est-ce que ce n'est pas encore un profit, celui-là ? Et non pas l'un des moindres !... De ce côté encore, que d'heureuses conséquences de cette œuvre nouvelle des patronages scolaires !

Il y a une chose qui m'a frappé, c'est la façon dont les instituteurs et les professeurs ont pris feu pour l'œuvre nouvelle. Il y a eu 18.500 instituteurs qui, dans le cours de l'hiver dernier, ont fait un cours trimestriel pour les adolescents, à la suite des appels adressés par les Congrès de Bordeaux et du Havre, et sur les conseils de notre éminent ami Ferdinand Buisson et du ministre de l'Instruction publique. Vous entendez bien, il a suffi de faire appel aux bonnes volontés pour qu'immédiatement 18.500 instituteurs se missent en avant pour donner à leurs concitoyens l'enseignement complémentaire que ne peut leur fournir l'école. Et retenez bien ceci : Pas un de tous ces instituteurs ne savait s'il aurait la moindre rémunération. Nous ne savons même pas encore si nous obtiendrons le relèvement de crédit nécessaire pour rémunérer les services rendus par ces modestes et si utiles fonctionnaires. Est-ce que ce n'est pas une belle chose que l'élan de ces 18.000 citoyens qui se sont dit : « Peu nous importe la récompense : nous nous récompenserons nous-mêmes par le sentiment du service rendu et la satisfaction du devoir accompli. »

Et il a raison, ce maître, de se trouver ainsi récompensé. Je vous assure que le lendemain, quand il entre dans sa classe, quand il a accompli son devoir civique et social, il est plus heureux, il se sent plus à l'aise devant ses élèves de l'école primaire.

Mais il n'y a pas que les instituteurs qui nous aient apporté leur bienveillant concours, il y a aussi les professeurs de l'enseignement secondaire et supérieur. J'en suis très heureux, voilà bien longtemps que je désirais les voir venir à nous ; j'y ai poussé de mon mieux. Les professeurs de l'enseignement secondaire et supérieur ne doivent pas toujours rester dans les chaires de l'Université, pour donner leurs leçons à ceux qui sont les privilégiés de la fortune et de l'intelligence, il faut qu'ils enseignent pour tout le monde, ils ne doivent pas hésiter à aller à tout le monde. Je ne saurais trop remercier les maîtres des deux ordres supérieurs d'enseignement qui se sont mêlés aux instituteurs et qui ne craignent pas de faire, eux aussi, la modeste conférence du soir.

Il y a deux choses qui sont *unes* : la

Science et la Nation. La Vérité étant une, il faut que tous ceux qui la professent et la reçoivent sentent l'unité de la science, aient, à tous les degrés, la même confiance en elle, le même respect pour elle, en reconnaissant partout également la dignité. L'unité des enseignements, conséquence de l'unité de la science, mène à l'unité de la nation.

Voilà notre œuvre. Et vraiment tout cela est fort bien. Oui, je le dis sans embarras : depuis que je vous parle, je me sens encore mieux persuadé du bien que nous avons fait.

Nous pouvons donc avoir confiance : nous sommes sûrs qu'aujourd'hui l'œuvre est en bon chemin, nous sommes sûrs qu'il y a autour d'elle un grand nombre de bonnes volontés, que la voie est ouverte et qu'il est facile de la suivre. Mais il y a plusieurs moyens de la suivre. Ce que nous voulons, c'est la suivre résolument jusqu'au succès définitif, et ce sera l'objet de mes dernières observations.

IV

CE QUI RESTE À FAIRE
Exemples de l'Étranger.

Je voudrais bien montrer que tous ces chiffres ne doivent pas nous faire considérer que la besogne est terminée : nous avons encore à faire, il y aura même toujours à faire. Avant d'arriver au but à atteindre, nous avons un grand effort à accomplir. Il y a grand nombre de petites communes, de hameaux dans lesquels la population est dispersée et où la besogne est plus difficile. Il ne faut pas nous arrêter, nous sommes en trop bon chemin.

Ce qu'il y a à craindre, c'est le lendemain de l'enthousiasme. Oui, nous devons craindre ce lendemain, c'est le moment dangereux. Nous l'avons déjà connu. Vous vous rappelez le grand mouvement qui se manifesta en faveur des cours d'adultes à la fin de l'Empire. Il y avait une poussée telle du sentiment public, il y avait un tel besoin de développer l'instruction populaire que les cours d'adultes furent immédiatement organisés, grâce à la clairvoyance d'un ministre éminent, Duruy, qui a été le premier collaborateur de cette grande œuvre de développement de l'enseignement national. On sait combien rapidement, après quelques années d'enthousiasme, le mouvement s'est ralenti. C'est contre ce que j'appelle le lendemain de l'enthousiasme qu'il faut se prémunir.

Tout d'abord, il y a la question de l'argent. L'argent, n'allez pas le demander d'abord à l'État. Demandez-lui-en un peu, parce que ce ne serait pas l'État si on ne lui demandait pas d'argent. Mais demandez-lui de l'argent pour aider une chose déjà existante : ne lui demandez pas de se substituer à vous, de créer l'œuvre à votre place. De même pour les communes et pour les départements. Que des groupes de bons et libres citoyens se forment pour organiser la petite association, et que tous les autres citoyens viennent les aider.

Il faut donner *joyeusement*, disait tout à l'heure votre estimable président, M. Chouillou. Communiquons cette joie à tous ceux qui sont capables de donner quelque chose et habituons-les par des démarches personnelles, par des instances, à écouter nos sollicitations. Formez d'abord solidement le noyau des souscripteurs volontaires. C'est alors que vous pourrez demander le concours de la commune, du département ou de l'État. Mais ne nous arrêtons pas à la puissance publique tout d'abord ; ne comptons sur elle dans aucun cas, parce que tout ce qui est alimenté par le seul budget du contribuable, par tous ceux qui paient sans le savoir et souvent sans le vouloir, meurt infailliblement au bout de peu de temps. Constituons de petits fonds locaux, faisons vivre notre œuvre avec nos propres ressources et continuons de la faire marcher au besoin avec les cotisations de ceux qui en profitent.

Oui, Messieurs, demandons à ceux qui profitent de l'œuvre leur cotisation et leur appui, imitons l'exemple de l'Angleterre, où les cotisations des élèves ont donné à toutes les œuvres une vigueur extraordinaire.

D'autre part faisons en sorte que nos associations soient intéressantes. Il faut renouveler et varier incessamment notre œuvre pour que nos enfants s'y attachent : ils ont besoin qu'on aille au-devant de leur curiosité, de leurs désirs, de leurs intérêts. Il faut surtout que nous allions au-devant de leurs intérêts : il ne faudrait pas répéter l'année prochaine ce qui a été fait l'année précédente, parce que, si nous recommençons, les anciens diront aux nouveaux venus : c'est toujours la même chose. Je dirai volontiers : continuité des ressources financières, discontinuité des ressources intellectuelles, voilà le secret de la continuité dans le succès.

Je n'oserais vraiment pas, à l'heure qu'il est, faire passer en détail devant vos yeux les résultats obtenus en Angleterre. Je disais tout à l'heure que nos voisins nous montraient que nous sommes loin du but : j'aurais voulu avoir le temps de vous exposer ce que l'esprit d'initiative a fait de l'autre côté du détroit. Nous nous paraissons bien forts, nous sommes joyeux en constatant les bons résultats que nous avons obtenus, mais nous avons beaucoup à faire pour rattraper les Anglais. En 1893 il y avait en Angleterre — je n'ai pas les chiffres depuis cette époque, mais ils ont certainement augmenté — en 1893, dis-je, il y avait en Angleterre 500.000 ouvriers, membres réguliers d'associations ouvrières, d'enseignement populaire, de mutualité ou de toutes autres choses analogues, mais toutes fondées sur l'idée première du développement de l'instruction. Depuis cette époque, le mouvement s'est accentué : dans l'Université d'Oxford seulement, car en Angleterre les professeurs des universités se mettent à la disposition des associations pour aller faire des cours dans les paroisses, il a été dépensé pour les cours primaires 1.250.000 francs. Il y a aujourd'hui 400 centres universitaires d'enseignement populaire, c'est-à-dire fondés par les universités elles-mêmes.

A Londres, il y a plusieurs institutions dont le but est, en tous points, semblable au nôtre, mais qui ont pris un développement et une extension que nous ne pouvons guère nous figurer en France. Là-bas, toutes ces œuvres sont largement encouragées par les particuliers. Je citais dernièrement ce fait : un homme meurt ; il lègue une somme considérable pour faire ce qui s'appelle en Angleterre un Palais du Peuple, c'est-à-dire tout simplement un édifice dans lequel le pauvre diable peut trouver tout ce dont il a besoin, comme refuge d'abord, comme chaleur en hiver, comme nourriture, comme hygiène, comme propreté, comme instruction aussi et comme éducation, même comme éducation professionnelle, car il y a des ateliers où l'on montre aux élèves à tenir la lime, où l'on apprend toutes sortes de métiers. Donc, un homme meurt en laissant cette fondation ; mais le Comité chargé d'appliquer les conditions de la donation décide qu'il ne fondera ce nouveau Palais du Peuple que lorsqu'il aura réuni 1.500.000 francs. Il l'annonce dans tous les journaux en invitant tous ceux qui peuvent donner, à s'empresser de parfaire le capital nécessaire pour ouvrir l'institution. Ces 1.500.000 francs se sont trouvés réunis : un certain nombre de riches ont envoyé leurs souscriptions ; alors seulement on a ouvert le Palais du Peuple, et il fonctionne très bien aujourd'hui.

Il y a une autre institution : la Polytech-

nique qui fonctionne aussi admirablement.
Elle est dans Regent Street ; elle a été fondée
par un homme de bonne volonté, par un grand
philanthrope, qui a poussé les choses plutôt
jusqu'à l'excès : comme il voulait avoir beaucoup de jeunes gens, — il était riche, il a
donné plus de 2 millions, il s'appelle M. Hoog,
— il s'est fait cireur de chaussures. J'ai l'air
de raconter une histoire imaginaire, un conte
de fées, et cependant rien n'est plus exact,
tout étrange que cela puisse paraître. Pendant
qu'il cirait les chaussures, une heure par jour
environ, notre philanthrope examinait ses
clients ; il remontait des pieds à la tête, il ana-
lysait les gens et, quand il voyait un homme
malheureux, il l'interrogeait, il essayait de le
consoler et il finissait toujours par lui dire :
« Mon pauvre homme, tu es bien malheureux
— l'autre était le plus souvent très confiant, un
cireur de chaussures, ce n'est pas bien dangereux — il y a une institution dans Regent Street
où tu trouveras tout ce qu'il te faut et où tu
apprendras à lire. — Lire ! lire !... pourquoi
lire ?... Est-ce qu'on ne boit pas dans la maison ?... — Tu trouveras, te dis-je, tout ce qu'il te
faut : il y a des jeux, des distractions, etc., etc. »
Et, peu à peu, notre homme amenait par les
pieds, c'est le cas de le dire, ses clients à
la Polytechnique. Et puis il arrivait une chose

bien naturelle : c'est que, quand il les avait pris par les pieds, il remontait jusqu'à la tête, et quand il tenait la tête, il tenait le cœur.

La Polytechnique de Regent Street compte aujourd'hui 18.000 adhérents de seize à vingt-cinq ans, qui paient tous un schilling par semaine ; 18.000 pauvres diables trouvent donc le moyen d'économiser un schilling par semaine pour trouver une place dans le Palais du Peuple ! Et notez que cet établissement est très bien organisé : moyennant son schilling hebdomadaire, l'adhérent trouve d'abord des bains, cela commence toujours comme cela : être propre : puis il a à sa disposition une salle de gymnase, un club athlétique, des cercles de lecture, des cercles de photographie, des salles de jeux, des cercles de langues vivantes où il apprend la conversation dans différentes langues, des orphéons, des fanfares, un orchestre, un restaurant à bon marché où il trouve uniquement les choses les plus simples et les plus substantielles, une société de secours mutuels et des ateliers d'enseignement professionnel, puis enfin le fameux office judiciaire. Il y a 18.000 jeunes gens associés dans cette maison-là!... C'est toute la vie pour eux; ce sont tous les besoins physiques, intellectuels et moraux qui, moyennant un sacrifice bien

minime, sont mis à leur disposition par des
gens qui ne peuvent avoir et qui n'ont pas
d'autre intérêt à cela que d'élever ces malheureux. Voyez-vous ce que cela représente? ce que
cela signifie?... Ne voyez-vous pas quel profit
il y a pour ceux qui donnent, aussi bien que
pour ceux qui reçoivent?... Vous devinez tout
de suite combien ces derniers peuvent être
heureux : ils ont un double sentiment : celui
de leur dignité personnelle, parce qu'ils ont
payé quelque chose pour obtenir ce qu'on leur
donne, et celui du respect pour les gens qui
ont fait cela pour eux : à leurs yeux, ce ne sont
plus là « des riches », défendant aveuglément
leurs intérêts, ce sont des semblables, de bons
citoyens faisant le bien, pensant au bien-être
des autres hommes. Calculez ce qu'il y a dans
cette pensée de promesses de paix sociale.

J'en pourrais dire encore beaucoup sur ces
choses d'Angleterre, mais je suis obligé de
m'arrêter et je renvoie ceux d'entre vous que
cela peut intéresser plus particulièrement à
l'ouvrage de M. Buisson — toujours lui. —
J'invite ceux qui s'intéressent à ces questions-là
à se reporter au livre si complet de notre ami,
ils y trouveront l'histoire complète du développement de ces institutions.

V

CONDITIONS DU SUCCÈS DÉFINITIF

Si j'essaie d'en faire un résumé tant en Angleterre qu'en France, c'est-à-dire depuis deux ans chez nous et depuis sept ou huit ans en Angleterre, que vois-je?... Quelles sont les règles qui se dégagent de cette histoire?... Quelles sont les données communes à toutes ces œuvres, les conditions grâce auxquelles elles ont obtenu le succès?... D'abord, la liberté à la base. Liberté complète pour les organisateurs ; pas de main-mise sur eux. Il faut qu'un groupe soit libre de faire ce qu'il juge convenable, que personne ne lui demande pourquoi il s'y prendra de telle ou telle façon : l'on jugera simplement les résultats. Il ne faut aucune ingérence, et surtout il faut se garder de demander à l'Administration ce qu'elle-même ne saurait vous donner. Je suis bien à l'aise pour parler ainsi : j'ai à côté de moi un préfet qui est de mon avis. Toutes les fois qu'on s'est adressé à l'Administration, on a rencontré des difficultés, et toutes les fois qu'on s'est heurté à des difficultés administratives, on a perdu du temps. Donc, liberté à la base, liberté des programmes surtout. Qu'on n'impose pas de Paris des programmes spéciaux!... Qu'on ne dise pas : Vous donnerez tant de leçons, vous les ferez de telle façon ; ce qu'il faut ici ou là, vous n'en savez rien, ni personne ne le sait. Il faudra de la physique dans ce pays-ci, de la chimie dans celui-là, ici de la botanique, là de la zoologie : que sais-je?... Tout doit être infiniment souple, variable, suivant les besoins, les mœurs, les conditions locales du travail, de la culture ou de l'industrie.

La liberté des programmes, la liberté de l'organisation, la liberté du fonctionnement, et même la liberté du concours du fonctionnaire. Ainsi, on a donné aux instituteurs toutes les autorisations possibles, et ils ont immédiatement répondu à l'appel avec un empressement que nous ne saurions trop louer. Je souhaite qu'ils continuent à le faire, non pas comme une partie de leur tâche officielle, mais comme l'œuvre de libres citoyens voulant rendre service à d'autres citoyens non moins libres. Je l'ai dit à Nantes, je l'ai répété à Bordeaux et je le redirai ici à tous les instituteurs qui m'écoutent : Faites cette œuvre, non pas comme un prolongement de votre fonction publique, mais comme un acte de libre citoyen et tout simplement parce que votre fonction publique vous y a mieux préparé que tout autre. Perdez votre caractère d'instituteur, de fonctionnaire ; vous êtes M. X... ou M. Z...., un bon citoyen qui sait bien ce qu'il doit à son prochain et qui vient dans une chaire pour dire ce qu'il croit être la vérité.

Liberté, disais-je, liberté à la base pour les organisateurs, liberté pour les maîtres, mais liberté aussi pour les adhérents, jeunes gens ou adultes. Soyez très tolérant pour ceux qui viennent à vous. C'est un effort considérable pour l'adhérent, c'est toute une affaire pour le malheureux qui vient étudier au lieu de se reposer après son labeur quotidien ; faites donc en sorte que le programme soit attrayant et surtout qu'il réponde aux désirs de ceux qui viennent à vous.

Il y a un certain nombre de départements où l'on a adopté un système excellent : on a réuni les élèves inscrits et on leur a dit : « Que voulez-vous que nous vous enseignions?... » On ne leur a pas assigné un programme. Ce n'est pas le professeur qui monte en chaire et qui dit : « Voilà le cours qu'il vous faut suivre !... » Tout au contraire, le professeur a dit : « Vous êtes 25, 30, 40, 50, de toutes professions ; avant d'entamer ce trimestre de cours, je voudrais savoir ce que vous voulez que je vous apprenne, pour que je puisse préparer et graduer mon cours. » Et, dans les départements où cette consultation a eu lieu, on a remarqué ceci, c'est une constatation que j'emprunte au rapport de M. Édouard Petit : « La proportion des élèves présents au cours a été beaucoup plus grande que dans les départements où les cours étaient codifiés sans le consentement des auditeurs. »

En Angleterre, on va même encore plus loin : on ne se contente pas de demander aux adhérents ce qu'ils veulent qu'on leur enseigne, on leur dit : « Quels sont les professeurs que vous voulez que nous fassions venir d'Oxford ou de Cambridge ?... » Nous ne pouvons pas aller jusque-là en France. Ce que nous devons avoir pour objectif, c'est de faire venir à nos cours le plus grand nombre possible d'auditeurs ; puis cet auditoire, il faut le retenir en lui donnant ce qu'il lui faut apprendre, ce qui lui sera particulièrement utile.

Liberté pour les adhérents, et j'ajoute le mot : dignité des adhérents. Je le disais tout à l'heure, l'élève qui donne une rétribution, si faible qu'elle soit, a conscience de sa dignité. En France, cela ne se fait pas encore d'une façon absolue ; je vous ai cité des cours en Angleterre où les auditeurs étaient les contribuables de ces cours, Mais ce n'est pas seulement en Angleterre que cela se pratique : en France, on en a fait l'expérience. Et, chose curieuse, on a remarqué que dans tous les départements — comment dirai-je ? je ne veux pas employer d'épithètes désobligeantes — dans les départements difficiles, dans les départements bretons, par exemple, on a payé et ce sont même ceux-là où l'on a payé davantage. La Vendée a donné plus de 5.000 francs de petites cotisations. Savez-vous ce que cela représente d'efforts, ces 5.000 francs ?... Il en a été de même dans l'Ille-et-Vilaine, dans le Finistère, dans le Morbihan. En Corse même, pays très pauvre, on a donné. Et l'on a remarqué que partout où une cotisation était payée les élèves venaient jusqu'à la dernière leçon, parce qu'ils voulaient en avoir pour leur argent.

Il y a d'autres conditions à remplir ; j'analyse ici les conditions essentielles seulement ; il y en a d'autres d'ordre supérieur pour lesquelles il faut la réflexion et la volonté des organisateurs. Il faut que les organisateurs aient la haute vision du but à atteindre. Il ne s'agit pas d'augmenter d'une certaine quantité le bagage des auditeurs ; tous les efforts doivent être tournés vers ce but : l'éducation véritable, l'éducation sociale. L'enseignement scolaire a pu seulement préparer le caractère. Maintenant, c'est à la vie qu'il faut penser, il faut que dans tous les cours la plus grande place soit faite à l'éducation proprement dite. Ce ne sont plus des dates de l'histoire

de France qu'il faut apprendre machinalement
à l'adolescent : quand il connaîtrait la date du
traité de Westphalie, par exemple, croyez-vous
qu'il serait plus avancé? Qu'est ce que cela
donnerait à la France? Mais s'il sait que tel
homme a rendu tels ou tels services à son pays,
que tel autre n'a pas cédé devant telle injonc-
tion injuste alors qu'il y avait peut-être danger
à résister, et qu'ainsi il a augmenté la gloire
et la grandeur de son pays, s'il sait tout cela,
cela vaudra mieux que de connaître la date du
traité de Westphalie.

Donnons donc à nos jeunes gens des habitudes d'esprit, des habitudes de jugement, des
habitudes de vie; habituons-les à penser et à
agir. Les Anglais disent surtout : Habituons-
les à agir. Et, pour y parvenir, mettons-nous
bien à leur niveau, à la portée de leur âge, de
leur ignorance, de leur faiblesse, comprenons
leurs penchants, leurs désirs et leurs rêves.
Dernièrement dans ce livre de Buisson qu'on a
toujours intérêt à consulter, je lisais cette page
d'un écrivain anglais — : « Mais pensez, disait-
il, à tous ces jeunes gens, pensez à ce dont ils
ont le plus besoin ; vous allez leur demander
de venir faire telle heure de travail en plus de
leur labeur quotidien. Rappelez-vous donc à quoi
vous rêviez à treize ans ! Est-ce que vous croyez
que les rêves de ces pauvres diables, de ces

pauvres malheureux, de ces pauvres gens, qui sont obligés de travailler dès la treizième année, quelquefois dans les conditions les plus dures, est-ce que vous croyez que leurs rêves ne valent pas les vôtres?... Est-ce qu'ils n'ont pas une vision de bonheur, de joie comme vous-mêmes?... Qu'est-ce que vous seriez devenus si on vous avait laissés livrés à vous-mêmes à cet âge-là ? Savez-vous si vous n'auriez pas roulé sur la mauvaise pente, beaucoup plus loin qu'eux-mêmes?... » C'est ce rêve du jeune homme réveillé d'un état inférieur de l'être, prenant vaguement conscience des passions, bonnes et mauvaises, de l'humanité, c'est cela qu'il faut entourer presque maternellement, je ne dis pas paternellement, je vais plus loin, je dis qu'il faut les soins attentifs de la mère pour son enfant. Il ne faut rien négliger, il faut être facile et tolérant, généreux et large ; ceux qui faiblissent, il faut les ramener doucement, il ne faut pas prendre l'air impérieux et sévère, et, tant qu'ils ne troublent pas l'œuvre elle-même, il faut les laisser revenir au bercail, si bien qu'avec un peu d'indulgence des yeux vous ne les distinguerez bientôt plus des bons.

Ils nous indiquent le secret de leur force, ces Anglais. Ce qu'il faut, disent-ils toujours, c'est apprendre aux jeunes gens à agir, et ils appliquent cette parole si vraie de Spinosa, que j'ai déjà citée : « Une passion ne se combat que par une autre passion. » Vous n'arrêterez pas un homme sur la pente d'une passion en lui lisant quelque chose, vous l'arrêterez en lui donnant une autre passion. Il faut opposer de saines passions aux passions basses qui diminuent et avilissent l'homme. Aux passions du jeu, de l'alcoolisme, du vice sous toutes ses formes, il faut opposer des habitudes, des goûts qui deviennent ensuite de bons sentiments, des goûts d'ordre et qui relèvent l'homme à ses propres yeux. Il faut leur donner le sentiment, l'émotion, et par suite l'entraînement vers le bien ; leur faire connaître, aimer la dignité, la fierté, par l'habitude du bien, leur donner la passion du bien.

Messieurs, c'est par ces derniers mots que je résume cette longue causerie. Notre but, c'est de donner de nobles passions aux jeunes gens. Oui, donnez-leur celle du vrai et du beau, celle de la Patrie, celle de l'humanité. Ce n'est pas par l'instruction purement et simplement que vous devez chercher à retenir ces jeunes gens ; votre but est plus haut, il faut leur apprendre à sentir, à vivre d'une certaine manière, pour une certaine destinée. Qu'ils sachent ce que la société leur doit, et qu'ils sachent aussi ce qu'ils doivent à la société. Qu'ils aient la passion de s'acquitter envers elle... Voilà la saine passion qu'il faut leur donner... et pour cela il faut et il suffit que nous en ayons nous-mêmes une assez forte, assez profonde, assez débordante, pour pouvoir leur en communiquer le surplus !...

LE PATRONAGE DÉMOCRATIQUE

DE LA JEUNESSE

ET L'ESPRIT DE SOLIDARITÉ [1]

Messieurs,

A l'ouverture de nos travaux, nous avons eu l'occasion de faire passer sous vos yeux des résultats remarquables, qui sont déjà recueillis, constatés, mesurés exactement. Nous avons pu indiquer le nombre considérable des cours, des conférences, des leçons publiques qui se sont multipliés pendant les deux dernières années, et notamment en 1895-1896, sur toute la surface du territoire. J'ai en même temps appelé l'attention du Congrès sur les nombreuses fondations d'œuvres complémentaires de l'école, d'associations de toutes sortes : mutualités, Sociétés d'anciens élèves, patronages sous une

1. Discours prononcé à la séance de clôture du XVIᵉ Congrès de la Ligue de l'Enseignement, à Rouen (9 août 1896).

15

forme ou sous une autre, qui ont signalé ces deux dernières années.

C'est ce dernier point sur lequel, en quelques mots aujourd'hui, je voudrais encore insister devant vous. Il semble en effet que le Congrès a considéré comme devant appeler particulièrement l'attention, les efforts et la volonté de la Ligue, les œuvres que j'appellerai les œuvres d'éducation sociale.

Le but que nous nous proposons, le but que se proposent tous ceux qui veulent créer, jusque dans les plus petites communes, et non pas seulement dans les grandes villes, des œuvres de cette nature, des patronages, des associations d'élèves et d'anciens élèves, des mutualités, oh ! ce n'est pas seulement un but pédagogique, un but scolaire, quelque élevé et quelque respectable qu'il soit ; notre but est plus élevé encore : il s'agit, dans ces groupements de la jeunesse, de pourvoir aux nécessités de la démocratie française ; il s'agit de préparer l'initiation du jeune citoyen français à une vie supérieure à la vie personnelle, supérieure à la vie égoïste, à l'intérêt ; il s'agit de les élever à la vie civique, à la vie sociale, en un mot.

C'est quelque chose de bien grand et de bien difficile que d'apprendre au jeune homme qu'il doit se considérer, non pas comme un être isolé ayant le droit de ne penser et de ne songer qu'à lui-même, mais comme un être associé, qui ne peut rien s'il n'est pas dans l'association, et qui ne mérite pas moralement d'être dans l'association s'il ne paie pas la redevance du bien qu'il tire d'elle.

Et ce n'est pas seulement une vérité de l'ordre intellectuel, une notion juridique pour ainsi dire, que celle de l'échange incessant entre l'homme et la société dont il fait partie. Il faut inspirer à cet adolescent, encore ignorant de la vie, l'amour de son prochain ; il faut lui révéler toutes les jouissances et toutes les joies qu'il tirera de cet échange ; il faut lui apprendre ceci : que, de même qu'il y a une vie de famille, dans laquelle il ne viendrait à l'idée d'aucun des membres de se dire heureux si la famille n'est pas heureuse, il y a de même une vie sociale dans laquelle on doit cesser de croire qu'on puisse être heureux au milieu du malheur des autres.

Dans un des rapports présentés au Congrès j'ai trouvé cette pensée très juste — c'est une femme membre du Congrès qui a dit cela — que le bonheur était une chose non définie. Je compléterai la formule en disant que la notion du bonheur est toute relative. Nous éprouvons un bonheur : c'est la satisfaction d'un de nos désirs, la réalisation d'une de nos espérances ; et nous trouvons que la satisfaction est bien passagère : c'est probablement parce que le désir était bien peu durable et bien peu élevé. Sachons mettre assez haut le désir de notre vie, sachons mettre assez haut le but de notre activité, et nous apprendrons qu'il y a un bonheur qui ne passe pas, parce qu'il est impossible de satisfaire jamais ce désir, parce qu'il est impossible de réaliser absolument cet idéal. Mettons l'idéal de notre vie dans le bonheur commun, et sachons qu'à chacune des joies communes doit correspondre quelque chose de notre cœur, comme dans toute douleur commune il faut qu'il y ait pour nous une souffrance personnelle!...

Mais les moyens, direz-vous?... Ah! oui, ce serait l'idéal, si cela était possible, s'il était possible de concevoir l'humanité, la société autrement qu'on ne la considère trop souvent, avec vérité, comme un champ de bataille où luttent les activités et les égoïsmes, si l'on savait le chemin pour aller vers cette terre promise où le bonheur de chacun sera une condition du bonheur de tous et la réalisation du bonheur de tous une condition du bonheur de chacun. Est-ce que depuis longtemps l'humanité ne lutte pas pour cela?... Se rapproche-t-on de cet idéal?... A-t-on quelque chance d'y arriver bientôt?... Non, nous ne touchons pas encore à la terre promise. Mais depuis les âges de barbarie et d'esclavage, l'humanité n'a-t-elle pas fait de grands pas vers elle, et quand les siècles de plus profonde ignorance et de plus cruelle misère n'ont pas reculé, est-ce au nôtre de désespérer?

Si nous regardions en somme autour de nous, non pas d'une vue superficielle et rapide, mais avec quelque pénétration, les moyens font-ils complètement défaut? Seraient-ils aussi inefficaces et aussi impuissants qu'on le pense généralement?... Non. J'ai déjà cité les œuvres de nos voisins les Anglais; j'ai montré de quelle manière admirable ils ont su constituer des œuvres dans lesquelles, incessamment, ceux qui sont en haut se penchent vers ceux qui sont en bas et s'efforcent de diminuer la distance qui les sépare les uns des autres, non pas en descendant du point où ils se trouvent placés pour se rapprocher de ceux qui sont en bas, mais en faisant tous leurs efforts pour élever ceux-ci jusqu'à eux.

Quel est le moyen employé?... C'est l'association, l'association qui, seule, donne le secret de tous les succès. C'est l'association d'un certain nombre de braves gens, de gens qui ne pensent pas à eux, mais aux autres, et qui agissent pour les autres, donnant à ces autres l'intention et la volonté d'en faire autant. Ce n'est pas très difficile, comme vous voyez, et les résultats ne se font pas longtemps attendre si l'on veut persévérer.

L'association est une chose merveilleuse. Nous sommes tous pleins de bonne volonté, nous ne demandons pas mieux que de travailler, et cependant nous ne réalisons rien. Pourquoi?... Parce que les volontés sont éparses. La volonté d'un homme, qu'est-ce que c'est dans l'immensité des forces qui se heurtent dans la bataille sociale?... Qu'est-ce que la volonté d'un homme, quel que soit son génie, quelle que soit son énergie, quels que soient ses efforts, s'il reste seuls?... Ah! si, au contraire, il réussit à mettre en commun un faisceau de bonnes volontés, tout change, sa force se trouve centuplée du jour au lendemain. L'association n'additionne pas les hommes les uns aux autres, elle n'additionne pas les efforts individuels aux efforts individuels, l'association multiplie les efforts individuels par les efforts individuels, et là où l'on est dix on a la force de cent, parce qu'au lieu de subir le conflit des intérêts qui affaiblit l'effort de chacun, on a les coudes serrés de ces dix hommes qui font la trouée dans les foules.

L'association créée : elle est une force, parce qu'elle est le mouvement, mais elle est autre chose encore : l'association n'est pas seulement productrice, elle est éducatrice; le but de la

Société, c'est de placer le but commun au-dessus du but personnel de chacun des individus qui la composent. Une association, c'est l'apprentissage de la vie sociale, parce que c'est l'habitude donnée à un certain nombre d'hommes de penser à autre chose qu'à eux-mêmes.

Quelle que soit l'association; que ce soit une Société d'instruction ou une Société d'éducation civique ou politique, son but principal, c'est d'apprendre chaque jour davantage à se sacrifier au but commun et c'est faire sur un petit terrain, sur un petit espace, dans un petit domaine. l'image réduite, visible pour quelques yeux, de ce que doit être la grande société humaine dans laquelle le but essentiel sera de penser aux autres au lieu de penser à soi.

L'objet de nos associations, c'est donc de créer autour de ces enfants, de ces jeunes gens, par l'exemple. parlecontact, un milieu dans lequel ils apprendront ce que c'est que la chose commune; où ils apprendront à penser aux autres; un milieu dans lequel, non seulement ils apprendront toutes ces choses, mais où ils prendront l'habitude de toutes ces choses. L'habitude!... voilà le moyen d'action!... L'habitude!... c'est ce qui substitue dans notre vie quotidienne, à l'effort si difficile et si pénible je ne sais quelle facilité naturelle vers l'action; l'habitude de

faire le bien, c'est cette force merveilleuse
grâce à laquelle le sacrifice consenti pour le
bien commun semble naturel, presque nécessaire, si bien qu'on en peut dire : le sacrifice,
ce n'est plus la souffrance : c'est la joie.

Je disais tout à l'heure que les Sociétés
anglaises avaient parfaitement réussi dans cette
entreprise. Je montrais l'autre jour à l'ouverture des séances de ce Congrès, et j'y reviens
aujourd'hui, par quels moyens ces Sociétés anglaises sont arrivées à donner aux jeunes ouvriers,
aux jeunes gens du peuple l'habitude d'une vie
plus élevée. C'est précisément par l'exemple des
fondateurs, par le contact de ces pauvres malheureux, de ces ignorants, de ces grossiers, avec
des hommes qui sont dans une situation plus
élevée, qui ont des sentiments plus généreux
et qui ne les professent pas du bout des lèvres,
mais les pratiquent quotidiennement, que peu
à peu dans ces hommes obscurs, la lumière,
ce que j'ai appelé la contagion du bien public,
a pénétré avec quelque effort tout d'abord, mais
ensuite avec facilité. J'aurais une foule
d'exemples à citer, tous plus intéressants les
uns que les autres, mais le temps est vraiment
trop court. C'est sous toutes les formes que les
Sociétés anglaises ont réussi à faire pénétrer,
dans les coins les plus obscurs, cette notion
de la vie sociale, et, par cet exemple du sacrifice,

du désintéressement et du dévouement de ceux d'en haut, ont développé cette idée du sacrifice, du désintéressement et du dévouement chez ceux d'en bas.

Il n'y a pas pour ces jeunes gens d'autres règles que celles que nécessite l'objet même de l'association ; on veut leur liberté, leur dignité, mais on met avec eux des gens de bien, et la contagion s'établit toute seule. On sait, on se rappelle que la jeunesse est nécessairement ardente, qu'elle a besoin de vie, qu'elle a besoin de déborder par instants. On ne lui en veut pas de quelques instants de fougue et d'oubli, il sont toujours bien reçus quand ils reviennent. Mais aux passions qui peuvent les assaillir on oppose une activité, mère d'une passion nouvelle, d'une passion généreuse ; on oppose passion contre passion, l'action pour le bien contre l'action pour le mal, l'action pour la vie commune contre l'action pour la vie égoïste. On fait de ces malheureux obscurs et tristes, qui s'agitaient encore la veille douloureusement dans les bas-fonds de la grande ville, des hommes hardis, vigoureux, entreprenants, qui ne songent qu'à rendre à la société tout entière le bien qu'ils viennent de recevoir d'elle.

Oui, j'ai parlé du rôle de ces hommes qui, à Londres, dans toutes les villes de l'Angle-

terre, ont su se mettre au service — il n'y a pas
de mot plus noble et plus élevé — au service de
la Société. Ils ont fait — ce sont des Anglais —
ils ont fait tout d'abord un raisonnement pratique, très net, et je souhaite que dans cette
Normandie qui a conquis l'Angleterre, les
mêmes sentiments produisent les mêmes résultats. Ils se sont dit qu'il y a d'abord un grand
intérêt à faire ce qu'ils faisaient, ils se sont dit
que ce n'était pas la peine de dépenser des millions pour créer des écoles, pour entretenir des
maîtres et pour payer des mobiliers, si on laissait ces millions pour ainsi dire en déshérence.
C'est donc une opération d'arithmétique, de
comptabilité, d'intérêt commun bien entendu
qui, tout d'abord, a déterminé ces grandes associations anglaises à maintenir, à préserver, à
élever dans le sens complet du mot la jeunesse
du pays.

Allons plus loin, car ils sont allés plus loin,
c'est encore à un autre point de vue utilitaire
qu'ils se sont placés; ils ont dit : c'est une
prime d'assurance. Chacun de ces enfants qui,
hier, était, par l'abandon, appelé à sombrer
dans la vie, une fois s'étant senti abandonné,
ayant roulé au bas de la pente, était destiné à
n'avoir plus contre cette société, à laquelle il
aurait fait grief de tous ses maux, que des sentiments de haine et de vengeance; si à ces en-

nemis inévitables de la société, on peut substituer, par la préservation de l'intelligence et
de la conscience, des êtres ayant des sentiments
de gratitude au lieu de sentiments de colère,
ne voyez-vous pas que c'est autant d'arraché
à l'armée du crime, autant d'acquis à l'armée
de la paix sociale?

C'est une tentative politique très noble que
celle-là; c'est la plus utile et la plus haute
qu'on puisse entreprendre, que de vouloir faire
de ces déshérités, de ces découragés, de ces
désespérés, d'autres hommes utiles à la société
et d'autant plus reconnaissants envers elle,
qu'ils ont senti le souffle du désespoir.

C'est donc, d'abord, une entreprise d'utilité
publique, mesurable, même en argent, par les
profits qu'elle donne à la société, par l'accroissement de puissance, par la diminution des
risques. C'est une entreprise de tous points
profitable, au point de vue matériel, économique
et je dirai presque égoïste.

Mais ce n'est pas seulement cela que nous
devons regarder, nous autres Français. Et,
puisque nous sommes en France, puisque nous
avons la légitime prétention de ne pas servir
seulement les intérêts de notre pays, mais de
travailler dans l'intérêt de l'humanité tout entière, puisque nous avons cette joie et cette
fierté de porter le titre de citoyens de ce beau pays

de France, autour duquel rayonne l'auréole de justice et de liberté, nous devons envisager autre chose. Il y a la raison du devoir, vous entendez bien. Oui, il y a, pour vous tous qui m'écoutez, pour nous qui parlons devant vous, pour tous ceux d'entre nous qui sommes parmi les heureux, qui sommes parmi ceux qui ont reçu en naissant, par les bienfaits du travail de leurs ancêtres, de leurs parents, un patrimoine, d'instruction et de fortune, il y a un devoir à accomplir. Il ne faut pas oublier que tous ne sont pas nés comme nous, que tous ne sont pas arrivés à la vie dans les mêmes conditions, et qu'il ne faudrait peut-être pas remonter bien loin dans notre propre famille pour trouver des ancêtres qui n'ont pas été aussi heureux que nous.

Eh bien! si nous avons ce sentiment pour nous-mêmes ou pour ceux qui nous ont précédés, si nous avons le sentiment profond du privilège réel, du privilège de fait qu'ont créé pour nous d'heureuses conditions d'existence et de naissance, ne sentons-nous pas naître et se formuler en nous la pensée que nous avons une dette à payer, puisque nous avons reçu de cette société quelque chose qu'elle n'a pas donné aux autres?...

Et cette dette, suivant un mot que j'aime beaucoup et qui vient de M. Chouillou, il faut

payer cette dette avec joie! Et en la payant
joyeusement, ne voyons-nous pas que nous
nous serons fait du bien à nous-mêmes. Est-ce
que ce n'est pas plus doux de jouir ainsi, paci-
fiquement, en pleine conscience, du bien légitimement acquis, d'en jouir avec cette certitude
qu'on a fait de cette fortune, de ces dons reçus, de
cet apanage d'instruction, d'éducation et de situation, le plus large et le plus généreux usage?...
Est-ce que ce n'est pas s'assurer à soi-même, au
foyer où l'on se retire au terme de la vie, une
jouissance supérieure à toutes les autres, que
de savoir qu'on a fait ce qu'il fallait faire et que,
dans la mesure où il est donné à un homme
d'aider les autres hommes, on a fait largement
part de sa fortune, de son activité et surtout de
son cœur, pour que ceux qui n'avait pas tout
cela aient au moins quelque joie dans cette vie?

Oui, il y a une dette sociale, et cette dette
on la trouve partout; chacun de nous naît
débiteur de la Société; chacun de nous doit
penser qu'il n'a pas le droit de dormir tranquille s'il n'a pas trouvé dans sa journée
l'occasion de payer quelque chose de sa dette,
au moins l'intérêt du capital qu'il a reçu de
la société.

Il faut surtout que, dans un pays comme le
nôtre, nous nous habituions à le faire grande-
ment, glorieusement. Nous sommes glorieux de

notre nom, glorieux de notre histoire, de notre grandeur nationale, nous sommes fiers de l'auréole qui entoure le nom de notre belle France. C'est que notre pays, en effet, c'est la République française, et que la République française, cela veut dire quelque chose d'unique sous le soleil qui éclaire les hommes : cela veut dire la Société organisée par la Raison et pour la Justice. Une république, c'est un état politique, c'est une forme de gouvernement dans laquelle, à la monarchie, on substitue les pouvoirs d'élection ; mais la République française, c'est plus encore : la République française, c'est la république de tout le monde ; la République française, n'est pas faite pour quelques-uns, mais pour tous ; la République française, c'est une *démocratie républicaine*. Et une république démocratique, c'est quelque chose de plus qu'une république *politique* ; c'est un état *social* fondé sur la liberté de chacun et la solidarité de tous.

Il faut que la répartition des charges et des profits de la société soit aussi équitable que possible, et, comme je le disais tout à l'heure avec votre éminent président, il faut que l'on sache y payer joyeusement sa dette sociale. Nous sommes, dans notre République, des associés de fait placés, par les hasards de l'histoire et de la race, sur un même sol et dans des conditions différentes, obligés à vivre dans cette société côte à côte, mais ayant une raison éclairée, une conscience toujours prête, et nous disant que nous éprouverons une souffrance, tant que les conditions de la répartition des charges ne seront pas aussi équitablement réglées que si ceux à qui elles sont imposées avaient pu les discuter librement.

Si nous avions été consultés, les uns et les autres, s'il nous avait été possible, aux uns de contrôler les conditions de ce contrat, aux autres de le discuter, l'aurions-nous établi de cette manière exactement, ou n'aurions-nous pas chargé davantage certains d'entre nous pour mieux répartir certaines autres charges ?...

Je ne parle pas politique et je ne veux pas en parler, je parle de la vie sociale, de la vie commune, dans une société comme la nôtre. Je dis que, dans chacun de nos actes, privés ou publics, nous devons agir de telle sorte avec les autres hommes que si une conscience libre, indépendante, placée au-dessus de nous, pouvait juger nos actes, ces actes pussent être approuvés par elle.

Messieurs, voilà donc notre but ; nous travaillons à répandre parmi les hommes cette pensée que l'objet de la société, c'est la justice et que tous les hommes, solidairement, doivent contribuer à ce résultat. Il faut que la jeunesse de demain ait cette pensée et cette volonté. Et pour cela il faut des associations de jeunes gens pris au lendemain même de l'école. Autour d'eux, il faut les bonnes volontés, de tous les bons citoyens ; toutes les hautes influences sociales, toutes les influences de l'esprit, de la fortune, de l'éducation, du talent, du génie, doivent se grouper autour de cette jeunesse, qui est la France de demain. Et, j'ajoute : autour de cette jeunesse et autour de l'école, dans chacune de nos communes, il faut grouper tous nos concitoyens.

On a dit, et nos adversaires ne manquent point de le répéter : l'école républicaine a fait faillite, comme la science !... Eh bien ! l'école républicaine n'a pas plus fait faillite que la science, par cette excellente raison, que la science c'est la vérité, et que la vérité ne fait point faillite. L'école, c'est la même chose ; l'école, c'est le foyer de la science. Non, l'école républicaine n'a pas fait faillite, et l'on s'apercevra que la faillite n'est pas près de se réaliser, que l'école de la République agrandit toujours le cercle de son rayonnement et fait diminuer l'ignorance, comme diminuent les ombres des hommes quand monte le soleil. Non, la faillite de l'école n'arrivera pas, et quand on lui reproche d'avoir laissé un certain nombre des enfants qui ont passé sur ses bancs perdre le profit de ce qu'il y avaient dû acquérir en esprit et en conscience, répondons : la faute n'en est pas à l'école, qui a fait ce qu'elle pouvait faire et à qui vous n'avez pas le droit de demander compte de ce qui s'est passé après que l'enfant l'a quittée. Rendez-vous compte de ce qu'est cet enfant préparé par ses maîtres jusqu'à la treizième année et que vous jetez brusquement dans la vie à partir de cet âge de treize ans !... Aux adversaires de l'école républicaine, aux infaillibles qui font ce reproche à l'école d'avoir fait faillite et qui triomphent contre elle de voir encore malgré elle tant d'enfants coupables ou malheureux, mais qui se réjouissent aussi de voir tout près d'eux d'autres enfants qui, n'ayant pas souffert les mêmes abandons, n'ont pas été entraînés aux mêmes fautes, je sens le besoin de répondre avec une réelle indignation : « Vous qui condamnez l'école et triomphez de ce qu'elle n'a pas pu faire, qu'est-ce qu'auraient fait vos enfants à vous si, à treize ans, ils avaient été abandonnés ? »

Non, l'école ne faillira pas, et non seulement elle ne faillira pas, mais elle triomphera avec des œuvres comme celles que nous préconisons. L'école dans notre pensée ne doit pas être seulement cette salle dans laquelle le tout petit enfant vient recevoir l'instruction ; elle doit être dans la commune, dans le quartier de la ville, le point central où l'on vient encore apprendre tout ce que l'homme fait a besoin de savoir. L'école doit être, à côté de la mairie, qui est la maison commune des intérêts et des droits, la maison commune des devoirs. C'est là qu'on doit en prendre connaissance, conscience et habitude.

Toutes les fois qu'il y aura un groupement d'hommes debout pour cette œuvre, toutes les fois que les privilégiés auront su trouver le chemin de l'école pour y employer leur bonne volonté, leur dévouement au service des moins fortunés, soyez persuadés que, par les mêmes chemins et tout aussi rapidement, viendront à l'école tous les déshérités et tous les malheureux. Soyez persuadés qu'à chacun des actes de désintéressement et de dévouement de ceux qui sont en haut répondra un acte de reconnaissance de ceux qui sont en bas.

Dans cette maison d'école, dans cette maison de vérité, les hommes s'habitueront à se retrouver, jeunes ou vieux, riches ou pauvres, pour prendre conscience en commun du devoir commun et peu à peu, dans la paix, dans l'activité joyeuse de ce petit temple commun où s'enseigne la vérité, au milieu des battements de ces cœurs de citoyens libres à qui vous prodiguèrez les bienfaits de l'éducation vraiment humaine, vous percevrez la vibration immense, la vibration intense et harmonieuse du cœur social!

L'ENSEIGNEMENT PROFESSIONNEL [1]

Messieurs,

... Vous avez trouvé un mot pour faire comprendre le sentiment qui vous fait agir ; pour expliquer au dehors ce que vous faites, vous avez enrichi la langue d'un mot nouveau : *l'esprit philotechnique*.

Pour les dictionnaires, je donne la définition de ce mot :

L'esprit philotechnique, c'est l'esprit de sacrifice et de dévouement, celui qui fait prédominer le sentiment de l'intérêt général sur le sentiment de l'intérêt particulier. L'esprit philotechnique, c'est l'esprit du bien, de la paix, du progrès social.

Je disais tout à l'heure que M. le Secrétaire général avait fait passer sous vos yeux les principaux résultats de l'année et qu'ils étaient de nature à nous encourager et à nous réjouir. A

1. *Discours à l'Association philotechnique* (séance solennelle de rentrée des cours. Sorbonne, 3 décembre 1893).

quelque point de vue qu'on se place, en effet,
il semble que l'Association philotechnique soit
en voie de progrès, car le nombre de vos sections s'accroît, le nombre des auditeurs de vos
sections se développe, grâce à l'extension donnée à certains cours particuliers, tels que ceux
de langues vivantes, de dessin, dont on a doublé
le temps d'étude, permettant ainsi un enseignement plus approfondi, plus pratique, d'une
portée plus réelle. En même temps se multiplient nos rapports avec l'extérieur, avec les
Associations syndicales de patrons et d'ouvriers,
cela au grand profit de l'enseignement. Et c'est
ainsi que l'on voit peu à peu l'idée qui est la
nôtre, se faire connaître de plus en plus dans
le milieu des travailleurs; c'est ainsi que de
plus en plus on comprend au dehors la puissance et la fécondité d'une œuvre d'initiative
privée en même temps que d'intérêt général
comme la nôtre, qui possède à la fois ces deux
qualités si rares à réunir : l'esprit d'initiative,
dû à sa liberté absolue, et la puissance d'action
due à sa centralisation.

Ce sont ces deux grandes forces que l'État
cherche incessamment à concilier et à mettre en
œuvre et vous savez quelles difficultés il y
éprouve : c'est le problème de chaque jour; ce
problème, vous le résolvez sans peine; ici
nul n'abuse de la liberté, nul ne souffre

de l'autorité centrale, les deux forces agissent et s'associent dans le même sens, et c'est ainsi qu'il vous est possible, dans l'organisation de l'enseignement professionnel, conçu par vous d'accord avec les Chambres syndicales, de faire plus complètement et plus puisamment ce que chaque Chambre syndicale ne pourrait faire que dans une sphère plus restreinte, et de le faire pourtant avec toute la force progressive, toute la sève que donne seul l'esprit de liberté.

Ces rapports avec l'extérieur ont amené l'Association à concevoir des règles d'ensemble pour son enseignement, et à le distribuer d'une façon plus rationnelle et plus méthodique. Je fais allusion *aux plans d'études*, dont parlait tout à l'heure M. Beauregard. Autrefois, vous aviez rétabli un peu au hasard des besoins vos divers enseignements : ces enseignements ne se groupaient guère qu'en raison de la bonne volonté des professeurs qui se trouvaient par hasard, enseigner dans la même maison des choses différentes ; il n'y avait pas entre les cours de coordination certaine et méthodique. A cette situation les plans d'étude ont substitué un état nouveau qui donne bien le caractère — je reprends encore le terme dont se servait M. Beauregard — d'un organisme à chacun de ces groupes d'enseignement. Les plans d'études ont, en effet, pour but de rechercher entre les divers cours professés dans un même local ce qui, en les rapprochant les uns des autres, peut constituer *une préparation complète à une profession déterminée*. Tel de ces cours peut servir pour plusieurs industries, plusieurs professions, plusieurs carrières, plusieurs arts : mais chacun d'eux, groupé avec quatre au cinq autres, forme un petit système complet et donne une satisfaction définitive à tous les besoins, à toutes les nécessités de l'apprentissage intellectuel de celui qui va à un but déterminé. Voilà donc une idée nouvelle, profondément féconde et organique grâce à laquelle vous voyez la vie se développer de plus en plus dans les sections qui ont adopté ce système; et, comme un progrès appelle et produit un progrès, cette conception de plans d'études qui a tout d'abord amené un plus grand nombre d'élèves aux sections qui l'avaient adoptée, qui d'autre part a été pour beaucoup dans les relations extérieures créées avec les associations syndicales, avec le monde des patrons et des ouvriers, ce système de plans d'études produit quelque chose de plus nouveau, de plus élevé encore dans l'enseignement général de l'Association philotechnique et c'est ce quelque chose de nouveau dont je voudrais dire un mot avant de terminer.

Lorsque l'Association philotechnique, après un certain nombre d'années, s'est vue en possession d'une grande clientèle et d'une réelle autorité, deux systèmes se sont fait jour au sein de son conseil : il y a eu les partisans de l'enseignement technique, professionnel proprement dit, et les partisans de l'enseignement général. Chacun des deux partis pensait qu'il détenait, qu'il possédait la véritable pensée des fondateurs de l'Association, qu'il ne fallait pas s'écarter de l'une ou de l'autre des deux voies et qu'il fallait — disaient les uns — donner à l'Association comme but principal l'élévation du niveau intellectuel de ses élèves, tandis qu'au contraire — suivant les autres — il importait de songer aux besoins pratiques des industries, des ouvriers, et d'apprendre uniquement à travailler à ceux qui voulaient travailler. On a lutté longtemps et, comme il arrive toujours quand on est de bonne foi, il s'est trouvé qu'il y avait quelque chose de vrai dans les deux points de vue et qu'il suffisait de se hausser à un niveau un peu plus élevé pour apercevoir, pour ainsi dire, les deux versants de la colline et comprendre qu'il y avait quelque chose à faire dans l'un et dans l'autre sens. Et c'est précisément dans ces plans d'études dont je viens de parler qu'est le germe de la réforme, j'ose dire de la révolution définitive que vous êtes en train d'accomplir.

Préparer les travailleurs au travail, et, en

même temps, élever le niveau intellectuel et moral de ceux qui travaillent, est-ce que ces deux problèmes sont inconciliables?... mais, en vérité, ce sont les deux faces du même problème, car celui-là ne travaillera véritablement bien, dans le sens élevé du mot, que s'il travaille intelligemment; il ne travaillera avec la supériorité nécessaire au bon travail, au travail bien fait, que s'il a vu l'ensemble des règles qui dominent son métier ou sa profession, et que s'il a fait un peu — je risque le mot — la philosophie de son métier.

Je me rappelle que, dans un de ses derniers discours, M. Jules Ferry disait : « Vous avez conçu un type nouveau d'apprentissage. » Je reprends le mot, je dis qu'en effet c'est un type nouveau que vous avez créé; non pas seulement, comme il le disait, parce que c'est l'apprentissage dans des conditions de liberté que ne connaissaient pas les corporations anciennes, mais surtout parce qu'à l'apprentissage qui dit « comment » il faut faire, vous avez substitué l'apprentissage qui dit « pourquoi » il faut faire ainsi. Vous avez mis la justification de la pratique à côté de l'exercice de cette pratique, et par là même vous avez fait les deux choses désirées : vous avez appris son métier au travailleur et en même temps élevé son niveau intellectuel.

Puis, par surcroît, vous avez assuré — ce à quoi vous ne songiez pas tout d'abord — vous avez assuré le progrès de la profession elle-même et élevé le niveau du métier ou de l'art ainsi enseigné.

C'est qu'aujourd'hui, en effet, par suite de la division nécessaire du travail, l'ouvrier est de plus en plus condamné non pas seulement à une spécialité, mais au maniement d'un outil particulier dans sa spécialité ; non seulement il ne voit pas l'ensemble de la profession ou de l'industrie à laquelle il appartient, mais il ne voit même plus l'ensemble de l'usine dans laquelle il vit. Il n'aperçoit jamais que la même machine, le même instrument de travail ; il risque de sombrer par là dans une sorte de routine qui lui met dans les doigts, par un exercice quotidien et trop prolongé, je ne sais quel mouvement toujours le même qui dispense son esprit de penser. Eh bien ! il ne faut pas que son esprit cesse de penser, il ne faut pas que sa main se substitue jamais à son cerveau ; il ne faut pas, comme on l'a dit très éloquemment, qu'il devienne et qu'il reste l'esclave de son outil : il faut qu'il en devienne et qu'il en reste le maître.

Entrez dans une usine dont vous ne connaissez pas particulièrement l'organisation : ne serez-vous pas effrayés de la toute-puissance matérielle et brutale, de cette sorte de chaos qui enveloppe chacun de ces ouvriers?... Ils sont là comme perdus au milieu du réseau incessamment mobile des courroies de transmission, du bruit des machines, du fracas des sifflets, de tout un mouvement et un vacarme qui semblent écraser l'homme sous la toute-puissance des choses. Voilà le spectacle que tous les jours les ouvriers ont sous les yeux. L'ouvrier est là comme le marin perdu sur son bateau au milieu de l'océan en fureur ; celui-ci peut être sauvé, cependant, et que faut-il pour cela?... Il faut qu'au-dessus du mouvement désordonné des flots qui l'entourent, il possède et connaisse cette petite chose qui s'appelle une boussole, et qui n'est rien moins que la pensée humaine impassible au milieu des déchaînements de la nature; c'est par elle qu'au-dessus de la crête des vagues qui menacent de l'ensevelir, il apercevra ce qui ne trompe point et pourra lire sa route aux étoiles. Il en est de même pour l'ouvrier: il faut qu'au-dessus de tous ces mouvements qui l'entourent, il aperçoive la loi générale de la production et de la distribution du travail dans son usine; il faut qu'il comprenne pourquoi et comment se meut cet organisme qui le domine et l'enveloppe et que, dans sa petite sphère, dans chaque coin de l'usine où il a son outil particulier, il ait incessamment le sentiment de ce qu'il fait, de ce qu'il va produire dans l'ensemble, le sentiment de ce qu'il a reçu du voisin et de ce qu'il va lui transmettre; en un mot, la perception nette et constante du rôle qu'il joue, de la part qu'il prend à l'œuvre commune. Il faut que son esprit anime son travail, il faut qu'il soit l'ingénieur de sa propre tâche, qu'il applique et qu'il réalise dans sa spécialité le plan d'ensemble. Et pour lui se vérifiera le mot célèbre de Pascal: « Il sera bien le roseau le plus faible de la nature, mais il se sentira supérieur à elle parce qu'il sera : « le roseau pensant ».

Je disais, tout à l'heure, qu'en assurant, par l'enseignement de la pratique fondée sur la science et la théorie, le développement personnel de l'ouvrier et sa supériorité intellectuelle sur les outils de l'industrie au milieu desquels il travaille, vous aviez assuré le progrès et le développement de cette industrie. Ai-je besoin de le démontrer? Évidemment, l'industrie ne progressera qu'autant que tous ceux qui y travaillent comprendront pourquoi ils exécutent le travail dont ils sont chargés et comment ils peuvent le mieux faire.

Un être vivant ne transmet la vie que lorsqu'il a atteint son degré complet de développement, que lorsqu'il s'est assimilé l'ensemble des progrès réalisés antérieurement à lui par la race de laquelle il descend. C'est seulement quand il est en pleine possession de sa propre vie, quand il est armé de toute son intelligence et de toute sa force, que la nature lui a permis de transmettre son existence, parce qu'il faut qu'il la transmette tout entière et aussi parfaite au moins qu'il l'a reçue. Eh bien, dans une profession ou dans un art quand on parle d'une *création*, quand on dit qu'un artisan ou qu'un artiste a fait œuvre créatrice, que veut-on dire ? On veut dire que tout ce qui lui a été transmis par l'ensemble des progrès antérieurs, que tout le trésor du travail passé vient d'être accru par lui, par son travail personnel, original. Voilà ce qu'il avait reçu, et voici ce qu'il transmet à son tour. Si peu que soit ce qu'il a ajouté, quelque léger que soit le poids nouveau mis par lui dans la balance, ce rien va la faire pencher définitivement ; c'est une poussée sur la pente où le progrès s'accélère, c'est un élément de vie nouveau qu'il ajoute à ceux qu'il a reçus et qui avaient été créés avant lui.

Mais pour qu'il ait pu faire cette chose nouvelle, il lui a fallu la connaissance générale de tout ce qui l'a précédé, c'est-à-dire la conception d'ensemble de sa profession, la conception de toutes les conditions théoriques et pratiques de son métier. C'est là ce que vous donnez, Messieurs, dans vos enseignements, et c'est pourquoi les hommes que vous formez sont vraiment des ouvriers, au sens le plus haut et le plus noble; des ouvriers, c'est-à-dire des artisans de l'œuvre humaine, du progrès continu et indéfini, de la grandeur et du bonheur, non seulement de la patrie, mais de l'humanité tout entière.

C'est ainsi que peu à peu l'Association philotechnique, étendant l'action de ses services, s'élève incessamment vers un but toujours plus haut, vers une région où certainement ses fondateurs n'espéraient pas qu'ils pourraient la conduire. Vous avez d'abord donné l'instruction générale aux adultes, à l'époque où les adultes n'avaient pas reçu, dans leur enfance, l'instruction générale de l'État. Quand l'État a assumé cette première tâche, vous avez spécialisé la vôtre; vous avez fait un pas en avant et, i'instruction générale étant assurée à tous par l'État, vous avez voulu donner l'instruction professionnelle aux adultes. Vous êtes en train de faire quelque chose de plus grand encore : vous commencez à donner l'*éducation sociale aux citoyens*, c'est-à-dire tout ce qu'il y a au monde de plus difficile et de plus nécessaire. La question sociale — on l'a déjà dit et c'est toujours vrai, et c'est vrai chaque jour davantage — est une question morale et, par conséquent, elle est d'abord une question intellectuelle. Les phénomènes économiques et sociaux ne se meuvent pas et ne varient pas au gré du caprice et de la volonté des hommes ; il y a entre les choses humaines et sociales des rapports aussi nécessaires, des lois aussi rigoureuses qu'entre les phénomènes de la nature physique. On ne décrète pas, en matière sociale : on découvre. On ne décrète pas l'égalité : on la prépare. On ne décrète pas la richesse : on la produit. Je parlais du marin tout à l'heure : on n'impose pas un niveau à la mer ; on cherche à connaître les lois qui règlent ses mouvements. On peut utiliser ses courants pour se diriger ; on pourra peut-être utiliser ses marées comme force motrice, mais on n'obtiendra rien d'elle, si l'on ne le demande avant tout à la loi qui la déchaîne et qui la dompte, à laquelle seulement elle obéira. Messieurs, cela est vrai de la destinée des hommes, il faut savoir où nous la voulons mener, et mettre toute notre passion à la guider vers ce but de moindre inégalité, de paix plus certaine et de bonheur plus général qui est dans la pensée de tous les hommes de bonne volonté et de bon cœur. Mais il ne suffira pas pour cela de la passion, il y faut la raison dirigée par la science, c'est-à-dire par l'observation des faits et la connaissance des lois. Ce n'est pas par des proclamations et par des décrets qu'on nivellera les conditions humaines, et qu'on arrivera à

changer quelque chose à la toute-puissante
sérénité des lois auxquelles la mer et les hommes
sont irrévocablement soumis.

Un grand pas sera fait, grâce à vous et aux
œuvres comme la vôtre, lorsque ce sentiment
profond de la nécessité des lois naturelles aura
pénétré tous les esprits, et, puisqu'il s'agit
d'œuvre sociale, lorsque chacun de ceux qui
rêvent un idéal, quelque noble, quelque élevé
qu'il soit, aura compris que le seul moyen de
l'atteindre et d'y faire parvenir ceux pour lesquels il rêve, c'est d'abord de connaître, par
l'étude, les conditions dans lesquelles le résultat
peut seulement être obtenu.

Messieurs, voilà l'enseignement que vous
donnez; et en le répandant dans vos nombreux
auditoires, vous le donnez aussi bien aux patrons
qu'aux ouvriers, car malheureusement l'ignorance est aussi complète d'un côté que de l'autre,
et les uns comme les autres, trop souvent, croient
encore qu'il suffit d'une loi, d'un acte des pouvoirs publics, pour changer la face des choses.

Il est une grande parole de Liebniz que je
veux citer ici ! « La tâche de l'homme, dit-il,
doit consister à séparer de la paille des mots le
grain des choses. » Voilà en deux mots tout
votre enseignement; je n'en pourrai donner une
définition plus éloquente.

Messieurs, j'ai dit que la question sociale était

une question à la fois intellectuelle et morale,
vous n'oubliez pas ce double point de vue ; vous
faites également l'éducation morale du travailleur. Mais ici je n'ai pas besoin de parler de vos
méthodes et de vos programmes : c'est par vos
actes et par vos exemples que vous donnez
surtout cette éducation. On cherche comment
la société future sera constituée, et vous, vous
répondez : Elle sera constituée comme l'est la
nôtre, nous n'en avons pas seulement trouvé
la définition, nous en avons fait vivre le modèle
et le type, car notre société est fondée non pas
sur les passions et sur l'intérêt, non pas même
sur la seule idée du droit, mais aussi et surtout
sur l'idée du devoir. Dans notre société, il n'y
a qu'une pensée commune, et cette pensée est
notre lien unique et notre unique loi ; il s'agit,
pour chacun de nous, d'être à tous ; pour chacun
de nous, d'être le bienfaiteur de tous.

Messieurs, voilà la formule de la société
future, et c'est vous qui l'avez trouvée !

LA COOPÉRATION ET L'IDÉAL SOCIAL [1]

Ma première parole doit être un remercie-
ment adressé à la Chambre consultative des
associations ouvrières de production, et à tous
les citoyens qui sont réunis ici, pour l'invitation
qu'ils ont adressée à quelques-uns de ceux qui,
dans les derniers mois, ont saisi en mains le
drapeau du progrès démocratique et républicain
et l'ont porté avec toute la bonne volonté, toute
l'énergie qui était dans leur cœur.

Il a semblé, pendant cette période, qu'un mot
d'ordre se faisait entendre qui était contraire
au mot d'ordre bien connu des temps anciens; il a semblé qu'on disait autour de nous :
« Guerre aux hommes de bonne volonté ! »
Vous avez voulu qu'aujourd'hui ceux qui avaient
été à la peine fussent à l'honneur, et au grand

1. Discours prononcé au banquet de la Chambre consultative des Associations ouvrières de production, le dimanche
14 juin 1896, à Saint-Mandé.

honneur. Nous vous en remercions profondément.

Je ne puis, dans cette salle, au milieu des membres des associations ouvrières de production, empêcher ma pensée de se reporter à quelques années en arrière, à une fête qui, en 1890, réunissait déjà quelques-uns d'entre nous au milieu de vous, au lac Saint-Fargeau. Vous fêtiez alors une époque moins prospère et moins brillante de votre œuvre, mais vous fêtiez déjà les mêmes espérances et presque les mêmes réalités. Quelqu'un vous présidait, qui n'est plus là. Je ne me pardonnerais pas de n'avoir pas prononcé son nom et de n'avoir pas rappelé que c'était le citoyen Floquet qui présidait votre réunion de 1890. Vous étiez alors réunis autour de lui pour le remercier du premier acte pour lequel l'État avait reconnu son devoir envers vous, le décret de 1888.

Depuis, le temps a marché; la récompense n'a pas toujours été aux plus dignes, et quelques-uns sont morts que nous devons saluer ici.

Mais l'idée est plus forte que la mauvaise volonté et que l'injustice des hommes : et l'idée que nous fêtions alors, l'idée survit immortelle, plus puissante et plus féconde que jamais.

PUISSANCE DE L'IDÉE COOPÉRATIVE

Oui ! en lisant les documents que votre cher secrétaire, Vila, m'a communiqués ces jours-ci, en écoutant le discours de votre président Machuron, j'ai eu un sentiment de profonde allégresse, j'ai eu la certitude que ce qui est bon et juste domine et prévaut toujours, que les temps premiers sont difficiles, que les. heures de début sont quelquefois des heures d'épreuve douloureuse, mais que, malgré tout, après l'ascension pénible, arrive la joie des sommets, et que la grande lumière baigne alors les fronts de ceux qui ont eu le courage d'accomplir l'ascension jusqu'au bout.

Ah ! c'est une histoire merveilleuse, pleine d'enseignements et de promesses que cette histoire de vos associations et de votre Chambre consultative ! Quels débuts difficiles ! Quelles luttes des premiers instants ! Je parcourais, les unes après les autres, ces monographies si intéressantes, si émouvantes parfois, de chacune de vos associations ouvrières ; j'y voyais ces chiffres merveilleux dans leur petitesse, ce chiffre de 225 francs comme premier capital d'une de vos associations, j'y voyais ce nombre

de cinq ou six travailleurs pénétrés de l'idée de
la coopération, s'associant dans une petite
chambre, dans un atelier misérable, pour arriver
à faire vivre l'œuvre commune; et puis, peu à
peu j'y voyais, après les premières années de
luttes et de déboires, après les découragements
et quelquefois les désertions et les ruines,
malgré tout et contre tout, par la force invin-
cible de l'idée, ces associations croissant et se
développant et l'ensemble d'entre elles arrivant
aujourd'hui dans notre démocratie laborieuse à
représenter à la fois ce qu'il y a peut-être de
plus puissant, et, en tout cas, ce qu'il y a de
plus durable dans l'organisation du capital et
du travail.

Oui! il a suffi que, dans chacun des groupes,
il y eût, au milieu des incertains, des hésitants,
des timorés, des faibles, quelques hommes
fidèles et résolus, pour que, pendant ces treize
années qui s'écoulent de 1883, date de la fondation de votre Chambre consultative, à 1896,
date de la fête que nous célébrons aujourd'hui,
la marche en avant s'accusât tous les jours, la
progression devînt plus rapide, et qu'après ces
années dans lesquelles c'étaient 22 associations
d'abord, mais plus tard seulement 10 ou 11 qui
faisaient partie de la Chambre consultavive, on
vit 30 associations, puis 40, puis 50, puis 75

et, enfin, aujourd'hui, 100 associations, réunies dans l'œuvre commune.

Oui ! nous fêtons aujourd'hui, non pas votre centenaire — vous êtes encore tellement jeunes et tellement vigoureux que vous ne pensez même pas à cette date du centenaire, mais votre 100° ; si bien qu'avec la progression continue, je ne sais pas quel sera le chiffre qu'il faudra fêter à votre centenaire.

Puis les œuvres complémentaires sont venues peu à peu à vous, et, chose merveilleuse, la puissance contre laquelle on aurait cru tout d'abord que votre effort était dirigé, l'argent, s'est mise elle-même de la partie, et vous voici des banquiers, c'est-à-dire des capitalistes et nous fêtons la banque coopérative en même temps que la 100ᵉ association ouvrière de production.

Et ce ne sont pas seulement, croyez-le bien, les résultats matériels que nous avons le droit et la joie de fêter aujourd'hui ! Certes ! ces résultats matériels ne sont pas méprisables ; certes, c'est quelque chose de vous voir, par votre travail en commun, assurer le bien-être à beaucoup qui, sans cela, ne l'auraient pas connu ; mais, en même temps, et c'est ce que nous lisons dans vos rapports et dans vos comptes rendus, les bienfaits de la coopération se manifestent également en dehors des résultats matériels, sur le terrain des résultats intellectuels et moraux, et nous savons très bien que ceux-là vous sont plus chers que les autres.

Oui! nous voyons à chaque instant dans vos rapports que la valeur des produits créés par vous s'élève parce que la valeur de ceux qui dirigent et de ceux qui coopèrent s'élève en même temps; et c'est une satisfaction profonde que de penser qu'à l'époque, ancienne déjà, où vous rencontriez la défiance des chefs d'industrie ou d'administration, où l'on doutait de votre œuvre, où l'on craignait que les travaux commandés à vos associations ne fussent pas exécutés avec toute la connaissance dans la direction, avec toute la perfection dans l'exécution que l'on était habitué à attendre des fournisseurs ordinaires des grandes administrations, qu'à cette époque a succédé, au contraire, l'époque présente où chacun s'accorde — c'est le témoignage des ingénieurs de l'État, des architectes de la Ville, de tous les chefs des grands services publics — à reconnaître qu'il n'y a pas de travaux mieux faits que les vôtres, d'industrie dans laquelle les relations entre celui qui fait travailler et celui qui travaille, le propriétaire, l'administration, Ville, État, peu importe, qui commande le travail et l'entrepreneur qui l'exécute, soient meilleures, plus faciles et plus complètes, de sorte qu'au lieu du sentiment de mécontentement et de regret qui, si souvent, était dans l'habitude, on voit se manifester partout un sentiment de satisfaction réciproque.

Vous avez ainsi démontré non pas seulement au point de vue de vos intérêts particuliers, quelques légitimes qu'ils puissent être, mais aussi au point de vue de l'intérêt de la nation et de la société tout entière, la puissance de l'idée maîtresse de votre œuvre.

Vous avez, en effet, raison de penser que ce que vous avez fait, vous ne l'avez pas fait seulement pour vous : le profit de cette idée coopérative, vous l'avez fait recueillir non pas seulement à ceux qui vous sont associés, mais à tous ceux qui se sont adressés à vous pour obtenir le travail. Merveille de la puissance de la coopération qui répand ses bienfaits sur ceux-là mêmes qui doutent et sur ceux-là mêmes qui nient.

C'est pourquoi les fêtes comme la nôtre sont autre chose que des fêtes corporatives ; ce sont de véritables fêtes politiques et sociales.

Le germe que vous avez mis en terre n'est pas seulement celui d'une petite plante qui se développe dans votre jardin. J'ai dit tout à l'heure les difficultés de la première heure, et j'ai montré combien ce petit germe, mis en terre, avait, pendant les premières années, eu

de peine à traverser cette couche obscure et
dure que la surface de la terre opposait à son
développement. Mais à l'heure même où traver-
sant ces premiers moments de difficulté et de
nuit, le petit germe mystérieux qui portait en
lui-même la vie tout entière est arrivé jusqu'à
la surface, jusqu'à ce point où les yeux du
monde pouvaient se porter sur lui, où il pouvait
aussi recevoir de toutes parts l'air et la vie, il
s'est produit cette merveille que la petite plante
que vous aviez semée s'est tout à coup trouvée,
par un effet admirable de puissance et de droiture, transformée en un arbre immense qui
étend maintenant ses branches sur une partie
de la production de ce pays, et qui bientôt, non
seulement dans notre France, mais dans le
monde entier, les étendra assez loin pour donner l'ombre bienfaisante à tous les humains.

LA VERTU SOCIALE

Y a-t-il donc là quelque mystère? Y a-t-il
là quelque miracle? ou n'est-ce pas simplement la loi même de la vie qui se manifeste en
vous? La loi de solidarité dont vous êtes les
serviteurs est la loi même de la vie, de la vie
sociale comme de tout autre vie. Qu'est-ce autre
chose que la vertu coopérative, que la qualité

maîtresse des membres de l'association de production, sinon, d'un seul mot, la vertu sociale.

Et c'est ce qui fait que, non seulement ici, mais sur tous les points du monde, l'idée de l'association coopérative de production s'est répandue, s'est développée et produit ses fruits. Il suffit, après avoir lu les comptes rendus de vos associations parisiennes et françaises — car je n'ai pas oublié le nombre des associations des départements qui font maintenant partie de la Chambre consultative, — il suffit, dis-je, de porter les regards sur ce qui se fait au dehors, de voir comment, partout, en Italie, en Angleterre, en Belgique, en Allemagne, aux États-Unis, sur tous les points où le monde pense et travaille, peu à peu l'idée de la coopération produit ses effets. Je n'ai pas besoin de citer devant vous les grandes associations de coopération de l'étranger, ces associations prodigieuses de consommation et de production qui font croire, comme dans certaines grandes villes de l'Angleterre, qu'il n'y aura bientôt plus de production et de consommation en dehors d'elles. Oui, partout éclate la puissance de l'idée de solidarité, partout cette vérité s'impose que la vertu coopérative, c'est la vertu sociale.

En effet, que vous demande-t-on et que demandez-vous quand vous entrez et quand vous offrez à d'autres d'entrer dans des associations comme les vôtres? On vous demande quelque chose qui, au premier abord, paraît bien peu de chose; en même temps que vous avez à défendre vos intérêts personnels et vos droits personnels, vous avez, non pas seulement à respecter les intérêts et les droits fixés par la loi au profit des autres, vous avez quelque chose de plus à faire, vous avez à remplir votre devoir social envers tous.

Et alors toutes les promesses de l'idée se réalisent comme d'elles-mêmes.

C'est le bien-être matériel donné à un plus grand nombre par la diminution des dépenses nécessaires à la vie et par l'accroissement, non plus des salaires — car ce n'est pas un salaire — mais du prix de la coopération commune. En même temps que ces avantages matériels, l'éducation intellectuelle et morale de chacun s'élève, l'idée pénètre les esprits, le sentiment qui était d'abord un peu obscur et hésitant, reconnaissons-le, chez chacun de ceux qui avaient pris part à la tâche, devient plus précis, plus net, plus éclatant; chacun sent mieux quelle est sa part dans la gestion commune et par conséquent dans les responsabilités communes; chacun sent mieux qu'il n'est plus un isolé, mais un associé, chacun sent mieux que sa journée n'est pas strictement finie ni sa tâche faite, de façon à se dire : « J'en ai assez! » mais qu'il n'a jamais fini, parce que, pour le bien commun, il y a toujours quelque chose à faire.

Oui! c'est cette merveilleuse éducation morale et sociale que vous vous êtes donnée à vous-mêmes et qu'en même temps vous donnez en exemple aux autres, qui est le bienfait supérieur de votre œuvre.

Et c'est ce qui fait que ceux qui, dans la bataille politique, s'efforcent tous les jours de constituer plus fortement ce parti qui est non seulement le parti républicain, mais encore le parti démocratique, car ce mot contient en lui le germe de tous les progrès; c'est pour cela que ceux qui travaillent à la constitution de ce grand parti démocratique vous sont reconnaissants, parce que vous leur donnez autre chose qu'une formule de plus à ajouter à toutes les autres formules des partis : vous leur donnez une expérience faite, une réalité constatée, un exemple qui s'impose à tous les esprits. Vous donnez à ce grand parti démocratique non pas seulement une formule vide, vaine, verbale de la société de demain, vous lui en donnez l'image vivante, et c'est dans cette société que vous avez faite que nous reconnaissons avec vous la société idéale que nous voudrions voir naître.

POUR OU CONTRE LE SOCIALISME

Ah! il est bien facile de donner des formules vides! Il y a quelques jours, on en donnait une : on disait qu'il suffisait, pour conduire un pays comme le nôtre, une grande démocratie républicaine comme la nôtre, de déclarer si l'on était pour ou contre le socialisme.

Oui! c'est ce que l'on a dit, et cela a paru suffisant pour constituer une majorité. Nous ne croyons pas, nous, qu'une formule de ce genre puisse suffire, qu'il y ait là quelque chose sur quoi l'on puisse fonder un parti et par quoi l'on puisse vivre.

D'abord il faudrait définir le mot dont on se sert. Qu'est-ce que ce socialisme contre lequel ou pour lequel il faut être? Ira-t-on jusqu'à exclure cet esprit profondément socialiste dont quelqu'un qui ne passe pas pour être un des nôtres, le très honorable M. Spuller, disait un jour qu'il fallait le posséder pour étudier les questions sociales? Je ne le crois pas. Serait-ce le socialisme chrétien dont M. de Mun s'est fait l'éloquent apôtre? Mais si l'on repoussait celui-là, je ne vois plus la majorité. Ira-t-on jusqu'où allait hier — ce n'est pas bien vieux, — un grand journal qui doit avoir les secrets de ceux qui dirigent le monde, les *Débats*, qui appelait socialiste, en montrant du doigt, la pauvre petite loi sur le travail des enfants et des femmes dans les manufactures?

Il faut s'entendre et il faut définir. Non! j'ai encore l'espoir que ce n'est pas cela qu'on veut dire, et qu'on a simplement voulu condamner une doctrine parmi les doctrines socialistes, la doctrine collectiviste.

Je dirai d'abord que cela ne suffit pas. Il ne suffit pas de gouverner contre une idée, il faut gouverner pour une idée.

· Nous avons parfois rencontré des vieillards qui croyaient avoir encore de longues années à vivre, parce qu'ils avaient un remède contre les maladies dont ils se voyaient menacés. Il ne suffit pas d'avoir un remède contre les maladies, il faut avoir en soi un principe de vie, d'existence et de développement. Dans le corps social, le principe de vie, c'est l'idée.

Sur quelle idée entend-on fonder le gouvernement de la République française?

Vous, vous en avez une, vous avez un idéal social, vous l'avez formulé, non seulement d'une façon théorique, vous l'avez matérialisé devant nos yeux. Votre idéal social est celui-ci : la réconciliation définitive des deux éléments de la production, la réconciliation définitive du capi-

tal et du travail dans la répartition équitable
des profits et des charges. Voilà votre idéal.
C'est celui même de la démocratie française ;
s'il y a du socialisme dans ce que vous faites,
eh bien ! qu'importe !

Certes ! vous non plus, pas plus que nous —
et j'ai eu l'occasion de m'expliquer bien des
fois à cet égard — vous n'acceptez, pour votre
compte, la théorie collectiviste. J'ai dit et je
répète que je ne la croyais pas de nature à
résoudre les problèmes que ceux qui la défendent
croient pouvoir résoudre par elle. J'ai dit et je
répète que je ne reconnais pas l'État, puissance
supérieure à nous, ayant le droit de nous
imposer une certaine répartition arbitraire et
des profits et des pertes. J'ai dit et je répète
que je considère que nous sommes tous des
associés, associés de fait par la loi naturelle
elle-même, et qu'il ne s'agit pas de remettre à
une puissance abstraite et créée par nous, le
droit de régler entre nous les rapports de l'association, mais que c'est à nous qu'il appartient.
à nous citoyens majeurs et libres, de régler,
avec notre raison et notre conscience, ces rapports nécessaires, conformes à la justice et au
but de la société.

J'ai dit aussi, et je répète que je considère
qu'il ne vaudrait pas la peine de vivre si la

liberté de l'individu n'était pas, dans toutes ses manifestations et dans tous ses développements, absolument respectée et sacrée, que l'homme n'est pas fait pour une société créée par quelques-uns, quel que soit leur esprit généreux, quelles que soient l'élévation de leur pensée et la bonne volonté de leurs cœurs ; que l'homme est fait pour vivre lui-même, suivant sa conscience et suivant sa volonté, dans la pleine liberté de son être, de son activité et de son développement.

Il faut dire ces choses clairement, et je suis persuadé que ceux dont nous combattons les doctrines reconnaîtront que c'est notre devoir de dire ce que nous pensons. Le but peut être le même, nous croyons que les chemins sont différents. Ne sortons pas de nos chemins : car entre eux il n'y a que des fondrières.

Ce dont nous sommes, nous autres, profondément reconnaissants aux associations comme les vôtres, c'est précisément que vous avez sauvé la liberté humaine en légitimant la propriété individuelle. Cela n'a l'air de rien et c'est tout. Quand vous avez établi, grâce aux accords volontaires et libres qui se sont formés entre vous, entre le capital et le travail, et quand vous cherchez tous les jours à mieux établir une répartition équitable des produits du travail, que faites-vous, sinon de donner précisément une base morale à la propriété individuelle, et de justifier, c'est-à-dire de sauver ce que nous considérons comme le prolongement même de la liberté humaine?

Oui, ce que vous faites, ce n'est pas de confondre la liberté, la propriété de chacun dans un grand tout où tout disparaît, c'est, au contraire, d'affirmer la liberté de l'individu, la liberté de sa propriété, mais à cette condition, qu'il l'ait acquise, cette propriété, conformément à la morale et à la justice.

Et alors, ayant fait cela, vous êtes bien puissants et bien forts pour vous retourner contre les autres, contre ceux dont vous combattez les moyens et dont vous condamnez le but. — Voilà ce qui vous distingue et vous assure une place spéciale dans la lutte sociale d'aujourd'hui: ce que vous combattez, nous l'appellerons d'un mot : l'égoïsme.

LES LOIS NATURELLES AU SERVICE DE LA CONSCIENCE

Oui ! nous connaissons cette théorie des économistes : « Laissez faire, laissez passer. Il y a des lois économiques pour la production et la répartition des richesses. comme il y a des lois naturelles pour la circulation des germes, l'éclosion des fleurs et la maturité des fruits. Peu nous importe ! Nous sommes les spectateurs de

cette œuvre de la nature et nous n'avons qu'à laisser faire, qu'à laisser passer les lois naturelles ! »

Et l'on se retourne vers nous et vers vous,
et l'on nous dit comme à vous : « Vous n'avez
ni science ni philosophie. Ces lois naturelles
sont immuables ; vous vous efforcez vainement,
vous n'arrivez pas à en changer la rigueur. »

Nous répondons à ceux-là : c'est votre science
qui est vaine et c'est votre philosophie qui est
incomplète. Oui ! il y a des lois économiques
naturelles, comme il y a les lois de la pesanteur ; mais l'homme est-il donc un esclave qui
accepte la loi de la pesanteur jusqu'à se
laisser écraser par le poids ? ou n'est-il pas une
intelligence, une raison, une conscience, dont
la vie tout entière a pour but de mettre ces lois
naturelles, qui sont les lois de la matière, au
service des lois supérieures dont il porte en lui
même la connaissance, des lois de la raison, —
des lois de la conscience et du cœur !

Ah ! c'est que les faits économiques dont on
parlait tout à l'heure, qui semblaient échapper
à notre prise, qui semblaient obéir à des lois
immuables — je répète le mot, il est de
M. Léon Say — sur lesquelles nous ne pouvons
rien, ces faits économiques ne sont qu'une
partie du fait social. Oui ! dans le fait social il y
a autre chose que le phénomène économique.
Le fait social est compliqué de raison et de con-

science ; il n'est pas seulement régi par les lois matérielles de la distribution des richesses, de l'offre et de la demande ; il implique toute la vie de l'homme et l'homme est non seulement un être vivant, mais un être pensant et conscient. Et si l'être vivant, pensant et conscient n'a pas les satisfactions de la vie, de la pensée et de la conscience, le but de la société n'est pas atteint.

Il faut mettre les lois naturelles au service des lois morales ; il faut faire pénétrer la justice où ne règne actuellement que la force. Il ne suffit pas de laisser les plus forts l'emporter toujours par l'accroissement naturel et du capital et de la puissance financière ; il faut au contraire — et c'est le devoir de la société — faire en sorte que ces forces toutes-puissantes au premier abord voient leur puissance se resteindre peu à peu par notre raison.

Si nous avions laissé les lois naturelles étreindre l'homme, croyez-vous que l'intelligence se serait développée, croyez-vous que la conscience ne serait pas morte, croyez-vous qu'il y aurait autre chose que la barbarie sur la surface de la terre ? Qu'est-ce autre chose que l'histoire de l'humanité, sinon la lutte éternelle de la raison et de la conscience contre les lois naturelles qu'on prétend immuables et qu'on ne veut pas changer ? Mettre la raison, qui découvre les lois, au service du sentiment moral et social, qui les tourne au profit et au bien de tous, c'est le but de la société humaine. Sinon, à quoi bon nous être asssociés, à quoi bon vivre en société, à quoi bon ne pas être purement et simplement épars dans les plaines et dans les bois, cherchant chacun notre nourriture au hasard de notre force physique et de la puissance de nos dents?•

Non, depuis que le monde est monde, depuis qu'il y a des hommes qui ont dressé le front sous le ciel s'est élevée cette pensée que cela ne pouvait pas durer et qu'il fallait faire à chacun sa part légitime dans la société de tous.

C'est cette lutte qu'il faut continuer, c'est cette lutte qu'il ne faut jamais déserter. C'est un drame terrible et dont les actes sont nombreux que le drame de l'humanité. Je vous en disais tout à l'heure la loi mystérieuse et secrète. Nous n'avons pas le droit d'en être simplement les spectateurs. Non, nous ne pouvons pas arriver là comme au théâtre et regarder l'œuvre d'auteurs inconnus qui ont placé en face les uns des autres ces forts et ces faibles, ces puissants et ces misérables, ces méchants et ces bienfaisants. Non ! nous ne pouvons pas rester dans notre stalle à regarder, de l'autre côté de la rampe, sous la lumière crue ou dans l'ombre sinistre, se mêler toutes ces douleurs

et tous ces plaisirs. Nous avons mieux à faire,
nous avons à descendre de notre stalle, à
monter sur la scène et à y mêler notre action
à celle qui se passe sous nos yeux.

Non, vous n'avez pas voulu demeurer des
spectateurs; vous êtes descendus sur la scène,
et vous y êtes entrés à la fois comme des com-
battants et comme des bienfaiteurs. Vous y êtes
entrés avec toute la sérénité de la science et de
la raison et avec toute la générosité du cœur
humain, du véritable cœur humain, celui qui
est assez grand pour contenir l'humanité elle-
même; vous y êtes entrés avec cette volonté,
et, vous riant des uns, combattant les autres,
vous avez, malgré tout, fait se dresser devant
nous le drame définitif, le drame de la conscience triomphante. C'est celui qu'avec vous
nous venons applaudir et auquel nous venons
collaborer. Soyez persuadés que nous sommes
avec vous. Soyez persuadés surtout que, toutes
les fois que, dans une lutte politique, nous
aurons à combattre le bon combat et que nous
éprouverons le besoin de chercher quelque part
autre chose que des paroles, de chercher des
réalités à donner comme arguments, nous sau-
rons les trouver parmi vous.

Vous avez fait — et d'un mot je résume votre
œuvre — une chose merveilleuse. A ceux qui
parlaient de l'isolement de l'individu; à ceux

qui, d'autre part, parlaient de la socialisation des biens vous avez répondu : Nous socialiserons la personne humaine. Vous vous êtes dit que l'on pouvait, par l'action coopérative, par l'action solidaire, faire pénétrer dans l'esprit, dans la conscience de l'homme les vertus grâce auxquelles la société se transformerait conformément à la justice elle-même! Vous l'avez fait, et vous avez par là non pas seulement assuré le développement de votre œuvre, mais affirmé le programme de la République définitive.

Je bois en même temps qu'aux Associations ouvrières de production de Paris et de France, à quelque chose qui est contenu en elles : à l'avènement de la justice sociale dans la réconciliation des classes.

L'ÉDUCATION ARTISTIQUE

LES ARTISTES ET LA DÉMOCRATIE[1]

Le président d'honneur de la *Société populaire des Beaux-Arts* ne voit qu'une manière de s'acquitter de sa dette envers elle, c'est de remercier en son nom les artistes qui sont ici présents. Je ne nommerai pas Puvis de Chavannes, puisqu'il est entendu que son nom ne sera pas prononcé ; je ne nommerai pas Mᵐᵉ Demont-Breton que nous avons tous si vivement applaudie tout à l'heure ! je ne nommerai pas les autres parce qu'ils sont trop nombreux. Non, je ne nommerai personne.

Ce sont bien pourtant les artistes qu'il nous faut remercier, ce sont eux qui sont les premiers collaborateurs de notre œuvre, ceux par qui elle existe et sans qui elle ne serait pas ; c'est à eux que doit aller l'expression de notre gratitude, toutes les fois que nous nous réunissons.

1. Discours prononcé au banquet de la Société populaire des Beaux-Arts. le 15 décembre 1896.

Les artistes français, qui nous honorent, non pas seulement de leur présence à ce banquet, mais de leur concours, de leur concours cordial, sincère, dans toutes les œuvres de notre société, ces artistes donnent un grand exemple, une grande leçon, ils montrent qu'ils comprennent quel est leur rôle nécessaire dans notre société moderne, dans notre France républicaine; ils montrent qu'ils ne se considèrent pas comme des heureux, des privilégiés, qui se sont réfugiés tranquillement sur le sommet de la montagne, loin des bruits du monde, loin de ces agitations et de ses tracas et qui vivent en tête à tête avec l'éternelle beauté dans l'éternelle paix.

Non, ils ont conscience du rôle qui leur appartient dans une démocratie comme la nôtre, ils ont le sentiment qu'au bas de cette montagne dont ils habitent les sommets lumineux, il y a une foule immense encore plongée dans une obscurité profonde mais qui lève les yeux vers les sommets, qui s'efforce d'en distinguer les clartés, de s'approcher d'elles, et ils ont senti le devoir de s'incliner vers cette foule, de lui tendre les mains et de l'aider à monter.

J'ai été frappé d'une pensée, d'une parole d'un Anglais illustre, mort il y a peu de jours, William Morris, qui a été à la fois un philosophe et un artiste, et qui a écrit ce mot : « L'art par et pour le peuple. » Mot bien simple, et bien grande pensée. « Par et pour, » qu'a-t-il voulu dire? Deux choses : c'est d'abord, que l'artiste qui ne vit que pour lui, qui ne travaille que pour lui, quelle que soit l'élévation de son esprit, quelles que soient ses merveilleuses aptitudes naturelles et les aptitudes nouvelles que l'exercice habile et prolongé de son art aura pu réunir en lui, n'ira pas très loin s'il ne puise incessamment aux sources profondes où s'alimente chaque jour l'âme du peuple tout entier. En même temps, il a voulu dire ceci : puisque l'artiste serait rapidement arrivé au terme de ses créations, s'il ne s'était pas renouvelé sans cesse au réservoir commun, il manquerait à son devoir, si, de ce qu'il doit ainsi à la source commune, il ne songeait pas à faire incessamment une part à tous.

Cette pensée est d'un Anglais, et vous savez que les Anglais passent pour avoir le sens tout à fait pratique, pour être moins idéalistes que nous ; pour avoir moins que nous, Français, la notion de ces grandes idées générales et généreuses dont nous avons raison de nous faire les soldats, mais dont nous aurions tort de nous croire les uniques dépositaires!

Eh bien! voyez comme l'Angleterre, depuis qu'elle est entrée dans la voie qu'indique la parole de Morris, a obtenu d'heureux résultats! Voyez ce que sont et ce que produisent ces admirables musées anglais où l'art de tous est largement mis sous les yeux de tous, ces musées d'art décoratif, comme le Kensington, qui sont ouverts — jour et nuit, pour ainsi dire, puisque la lumière électrique permet d'y demeurer jusqu'à dix ou onze heures du soir.

Calculez ce que ces admirables trésors ainsi librement mis à la disposition de tous ont répandu de goût, de sentiment artistique, en Angleterre. Ils ont véritablement transformé l'œil et la main du peuple anglais.

Voyez, ce que dans chacune de leurs industries, qui semblaient autrefois si loin de nous, ils ont réussi à faire de progrès, si bien qu'aujourd'hui même, sur le terrain des industries d'art où nous nous considérions comme les maîtres incontestés, nous avons à compter avec une concurrence qui, il y a vingt-cinq ans, nous aurait paru impossible.

Si l'on mesure simplement la vérité d'une idée à ses conséquences pratiques, à ses avantages immédiatement réalisables, voyez ce que cette pensée de faire de l'art non pas seulement le trésor particulier de quelques-uns mais le trésor commun de tous, a pu donner de résultats chez le grand peuple voisin.

Mais, en dehors de ces résultats matériels si importants, si appréciables, que nous ne devons pas dédaigner — et certaines associations, comme l'Union des Arts décoratifs, dont M. Berger est le président, s'apprêtent jour par jour à en faire également profiter notre pays — il y a un autre résultat intellectuel, moral celui-là, dont l'importance est incalculable.

Nous le disons toutes les fois que nous nous rencontrons; certes nous nous félicitons hautement d'avoir ici facilité à un certain nombre d'artistes et l'acquisition et la reproduction de leurs œuvres, les encourageant par là d'une manière d'autant plus intéressante que l'aide qui leur est donnée est due à l'initiative privée, et, passez-moi ce mot vulgaire, à l'association des consommateurs qui est la plus solide et la plus durable de toutes les associations. Mais nous n'oublions pas qu'il y a d'autre part, pour eux et pour tous, un profit intellectuel incomparable. A mesure que les artistes sentent s'accroître autour d'eux la clientèle, dans le sens le plus élevé du mot, c'est-à-dire le groupe de ceux qui ont l'esprit tourné vers eux et qui attendent d'eux, non pas ce que la clientèle attendait autrefois du patron, la protection matérielle, mais ce que la clientèle intellectuelle attend du maître, la direction intellectuelle et morale, ne voyez-vous qu'en même temps ils sentent grandir en eux le devoir d'élever plus haut, chaque jour plus haut l'œuvre d'art, pour que l'œuvre d'art soit plus véritablement humaine, plus véritablement digne de tous?

Ai-je besoin de rappeler les maîtres qui, dans notre pays, ont compris ce devoir? Puvis de Chavannes ne veut pas qu'on parle de lui. Mais est-ce que nous pouvons aller à la Sorbonne, entrer dans cette grande salle qu'éclaire son œuvre, sans comprendre la leçon merveilleuse donnée à toute la génération moderne par cette fresque admirable qu'il a déroulée sous nos yeux? Est-ce que nous ne sentons pas alors qu'il ne s'agit pas de l'œuvre d'art, conçue de la manière petite et personnelle, c'est-à-dire de la chose bien faite, exécutée soigneusement et amoureusement caressée, pour le plaisir de celui qui l'a faite, mais de l'œuvre pensée et voulue pour être en même temps non pas seulement la joie des yeux, mais la leçon de l'esprit et l'aliment du cœur?

Voilà l'art tel que nous devons le comprendre. C'est cela l'art par et pour le peuple, comme le disait l'Anglais que je citais tout à l'heure. C'est cela l'œuvre d'art humaine, j'allais dire naturelle. Oui, j'emploie le mot « naturelle »; est-ce qu'après tout la science et l'art ne sont pas deux interprétations différentes de la nature? Est-ce que l'objet n'est pas le même? Est-ce que le savant qui marche à la conquête de la vérité n'est pas celui qui essaye de faire pénétrer dans l'esprit de chacun des hommes l'interprétation qu'il croit vraie des qualités, des mouvements, des forces de cette nature, et est-ce que l'artiste, de son côté, n'est pas celui qui cherche également à faire pénétrer dans les yeux et dans le sentiment de tous les hommes l'interprétation personnelle qu'il a, des formes, des apparences et des harmonies de cette nature? Eh bien! si la science n'est pas le privilège de quelques-uns, s'il est vrai de dire que l'éducation intellectuelle est la chose de tous, pourquoi l'éducation artistique n'est-elle pas la chose de tous? Pourquoi ces deux interprétations, celle de l'artiste comme celle du savant, l'une obtenue par le raisonnement, l'autre, aussi profonde peut-être, due à la sensation et au sentiment, pourquoi donc ces deux interprétations ne seraient-elles pas communiquées à tous? Est-ce que la beauté ne doit pas être, comme la vérité, le partage commun de l'humanité?

C'est parce que nous pensons ainsi que nous avons appelé notre société « Société populaire des Beaux-Arts ».

Voilà le but supérieur, véritablement élevé que nous poursuivons. Voilà pourquoi ceux qui ont souci de faire l'âme populaire plus élevée, plus délicate, plus pacifique et plus haute, doivent témoigner leur reconnaissance aux grands artistes qui, ayant compris notre but, ont en même temps compris le devoir élevé qu'il leur imposait ; ils sont venus à nous, et grâce à la communication des œuvres de leur génie, ils nous permettent de répandre autour de nous et sur le peuple tout entier les trésors qu'ils avaient, eux, fait naître pour ainsi dire de l'âme même de ce peuple. Ils ont mis dans leurs œuvres leur interprétation personnelle de la nature et de l'homme ; ils ont mis sur les choses leur empreinte et la forme de leur pensée, et, l'œuvre ainsi créée, il nous la confient pour la livrer à tous.

A notre tour, très modestement et très simplement, nous continuerons à mettre — ce qui est bien simple — un peu de notre concours personnel au service de cette noble idée, et nous continuerons à nous faire les serviteurs reconnaissants des maîtres qui nous ont confié leurs œuvres, et nous nous efforcerons sans cesse de les répandre, de les faire mieux comprendre et mieux aimer.

TABLE DES MATIÈRES

Tours. imp. DESLIS FRÈRES, 6, rue Gambetta.